LIEBEVOLL SELBSTGEMACHT

Susanne Vogt

Mit Kita-Kindern Geschenke und Raumdeko basteln

Verlag an der Ruhr

IMPRESSUM

Titel
Liebevoll selbstgemacht
Mit Kita-Kindern Geschenke und Raumdeko basteln

Autorin
Susanne Vogt

Umschlagmotive
Vögel © Susanne Vogt; Hintergrund © srckomkrit | Fotolia.com

Rahmenlayout-Elemente
Vögel © Susanne Vogt

Satz und Layout
Q. Gute Grafik, Köln

Druck
AZ Druck und Datentechnik GmbH, Kempten, DE

Verlag an der Ruhr
Mülheim an der Ruhr
www.verlagruhr.de

Geeignet für Kinder von 3–6 Jahren

Unser Beitrag zum Umweltschutz
Wir sind seit 2008 ein ÖKOPROFIT®-Betrieb und setzen uns damit aktiv für den Umweltschutz ein. Das ÖKOPROFIT®-Projekt unterstützt Betriebe dabei, die Umwelt durch nachhaltiges Wirtschaften zu entlasten. Unsere Produkte sind grundsätzlich auf chlorfrei gebleichtes und nach Umweltschutzstandards zertifiziertes Papier gedruckt.

ISBN 978-3-8346-3912-7

Inhaltsverzeichnis

INHALTSVERZEICHNIS

VORWORT

Ich kann doch gar nicht basteln!

Das ist ein Satz, den ich häufig höre. Allerdings nie von Kindern, sondern nur von Erwachsenen. Warum ist das so?

Ich bin frech und stelle die These auf: Basteln kann einfach jeder. Ich meine, Erzieherinnen[1] oder Leute, die so etwas sagen, trauen sich einfach zu wenig zu. Oder sie haben schlichtweg irgendwann die falschen Erfahrungen gemacht.

Kinder vertrauen auf ihre Ideen, ihr Können und vielleicht auch auf die Hilfe von „den Großen", die für sie Erfahrung und Kompetenz ausstrahlen und signalisieren: *Ich kann dir helfen.*

Geht das Vertrauen in die eigene Kreativität und in das eigene Können im Laufe der Jahre verloren? Warum haben es Kinder, aber Erwachsene nicht (mehr)?

Ich wage noch eine These: Wenn es uns gelingt, selbst Freude am kreativen Tun zu empfinden, springt der Funke über auf die Kleinsten. Wenn diese zusätzlich von dem Ergebnis ihrer Arbeit begeistert sind, wird ein Feuer entfacht (die Leidenschaft fürs Basteln), das auch über die Jahre nicht mehr verloren geht. Bei mir war es jedenfalls so. Und wegen meiner Liebe zu Kunst und Kreativität entstand dieses Buch.

Danksagung ♥

Ich möchte in diesem Zusammenhang besonders meiner Mutter danken, die in meiner Kindheit viel mit mir gebastelt hat. Sie hat mir dadurch nicht nur gestalterisches Selbstvertrauen mit auf den Weg gegeben, sondern in den Folgejahren auch all meine kreativen Vorhaben unterstützt. Und jetzt teilt sie meine Freude immer, wenn ein neues Buch erscheint.

Dieses Buch

Die Aktivitäten in diesem Buch richten sich an pädagogische Fachkräfte, die mit Kindern im Alter von drei bis sechs Jahren arbeiten. Die Ideen sind in verschiedenen Schwierigkeitsgraden beschrieben. Dieser ist jeweils angegeben. Zu den meisten Bastelideen habe ich auch Variationen angegeben, damit Sie ganz leicht das Angebot auf das jeweilige Kind anpassen können. Die meisten Ideen sind material- und vorbereitungsarm. Ich habe darauf geachtet, Geschenke und Dekorationen auszuwählen, die in verschiedenen Jahreszeiten, aber auch unabhängig eingesetzt werden können.

Dieses Buch soll dazu beitragen, auch Erzieherinnen, die sich als „Person mit zwei linken Händen" sehen, die Vorbereitung zu erleichtern. Das Buch soll Ihnen zeigen, wie einfach die wundervollsten Kunstwerke entstehen können, und Ihre eigene Fantasie anregen. Es soll auch bei Ihnen die Lust auf Basteln und die Begeisterung für die Sache wecken. Denn nur begeisterte Menschen können anstecken – und in unseren Kindern das Vertrauen in ihre Fähigkeiten wecken, das hoffentlich dauerhaft bleibt.

Basteln kann einfach jeder. Sogar die Kleinsten. Und das möchte ich mit diesem Buch unter Beweis stellen.

Viel Spaß mit diesem Buch und farbenfrohe Stunden wünscht Ihnen

Susanne Vogt

[1] Aus Gründen der besseren Lesbarkeit haben wir in diesem Buch durchgehend die weibliche Form verwendet. Natürlich sind damit auch immer Männer gemeint, also Erzieher, Pädagogen und Fachanleiter etc.

PRAKTISCHE TIPPS

Arbeitsfläche abdecken

Legen Sie Arbeitsplatz und Arbeitsfläche (Tisch, Fußboden etc.) mit Zeitungspapier oder Kunststoff-Tischdecken aus. Kleben Sie die Ecken mit Malerkrepp fest. Dadurch ist alles abgedeckt, verrutscht nicht und ist leicht wieder ablösbar. Es erleichtert das Aufräumen und Putzen immens.

Arbeitskleidung

Jedes Kind sollte einen Malkittel haben. Das kann eine Malschürze, ein altes Hemd von Papa oder auch ein langärmliges Shirt von Mama sein. Wichtig ist, dass die Ärmel nicht zu kurz und auch nicht zu lang sind. So lassen sich Missgeschicke vermeiden.

Künstlerbedarf und Zubehör

Alle benötigten Materialien sollten zu Beginn der Gestaltung bereitstehen und griffbereit sein. Dies kann entweder in Form einer Materialtheke passieren oder auch am Platz eines jeden Kindes. Bei kleineren Kindern lohnt es sich, Farbbehälter evtl. zusätzlich auf der Zeichenunterlage zu befestigen. Auch hierfür kann Malerkrepp verwendet werden.

Saubermachen

Gestalten Sie das Saubermachen so praktisch wie möglich. Wer einen feuchten Schwamm oder Lappen griffbereit hat, kann sich bei Bedarf schnell die Hände abwischen. Steht ein Eimer mit warmem Seifenwasser in der Nähe, müssen die Kinder nicht erst zum Waschbecken laufen.

Reste verwerten

Werfen Sie Reste von bemaltem oder bedrucktem Papier nicht einfach weg. Sie dienen manchmal als wertvolle Grundlage von Collagen oder können als Hintergrund für kleine Bilder eingesetzt werden. Verwerten Sie auch Farbreste, indem Sie die Kinder diese beispielsweise mit der Rolle auf ein Papier auftragen lassen oder ein Papier mit einem groben Pinsel flächig bemalen lassen.

Unverträglichkeiten

Wenn mit Lebensmitteln gearbeitet wird, sollten Sie unbedingt eventuelle Unverträglichkeiten der Kinder beachten. Auch wenn diese die Geschenke eigentlich nur basteln sollten, wird sicherlich gelegentlich genascht. Ersetzen Sie für Allergiker glutenhaltiges Mehl durch Reismehl und fügen Sie zusätzlich ein bis zwei Teelöffel Guarkernmehl hinzu, um die Bindekraft wiederherzustellen. Ersetzen Sie bei Diabetikern Zucker durch Birkenzucker.

Foto: © Susanne Vogt

GESCHENKE

LED-GEBURTSTAGSTORTE

Darum geht's

Aus einem batteriebetriebenen LED-Teelicht entsteht eine kleine Geburtstagstorte. Die ideale Idee für den Kitajahresanfang. So können Sie mit allen Kindern gemeinsam je eine Geburtstagstorte vorbereiten, die während des Kitajahres an die Geburtstagskinder verschenkt wird.

Schwierigkeitsgrad

mittel

Material pro Torte

- ✔ 1 LED-Teelicht
- ✔ farbiges Papier
- ✔ Bleistift
- ✔ Dekotape oder Spitzenband
- ✔ Schere
- ✔ Klebestift
- ✔ evtl. kleine Aufkleber
- ✔ evtl. Deko-Pen oder Lackmalstifte
- ✔ Mini-Tortenspitze

So geht's

- Das Kind erhält das LED-Teelicht und das Papier seiner Wahl.
- Es stellt das Teelicht auf das Papier und hält es gut fest. Mit dem Bleistift fährt es die Umrisse des Teelichtes nach.
- Nun zeichnet es mit dem Bleistift Verzierungen um den Kreis.

- Es schneidet entlang der Linien aus.

Fotos: © Susanne Vogt

- Nun sucht es ungefähr die Mitte des Papiers mit Ihrer Hilfe. Stechen Sie gemeinsam die Spitze der Flamme des LED-Teelichtes durch das Papier.

- Mit dem Dekotape umklebt das Kind jetzt den Außenrand des Teelichtes.

- Das Kind gestaltet jetzt mithilfe des Teelichtes die Flächen, auf denen seine Torte stehen soll. Erlaubt sind gerade Kanten, gezackte oder gewellte.
- Die Unterlagen verziert das Kind mit einem Deko-Pen und/oder kleinen Aufklebern.

- Unter den Kuchen stellt es nun noch eine Mini-Tortenspitze. Fertig ist der Geburtstagskuchen.

- Es sieht auch schön aus, wenn Sie ein Muffinförmchen als Sockel benutzen und etwas Moos unter die Torte stellen.

Idee

Bewahren Sie die Geburtstagstorten in einem Schrank oder Schuhkarton auf und lassen Sie die Kinder, wenn sie Geburtstag haben, eine Torte für sich selbst aussuchen.

BEDRUCKTE GESCHENKE

Darum geht's

Mit einer einfachen Kartoffel werden die unterschiedlichsten Materialien mit gleichförmigen Mustern verziert und kleine Design-Objekte gezaubert. Eine Idee für die Vorbereitung von Märkten mit Geling-Garantie.

Schwierigkeitsgrad

mittel

Material

- ✔ 1 faustgroße Kartoffel pro Kind
- ✔ 1 stumpfes Messer oder Kindermesser
- ✔ Acryl-, Wasser- oder Textilfarbe
- ✔ Borstenpinsel
- ✔ (Geschenk-)Papier, Geschenktüte oder ein anderes Material (s. Ideen) zum Bedrucken

Das bereiten Sie vor

- Entscheiden Sie vorgängig, was Sie bedrucken wollen. Besorgen Sie die passende Farbe dafür.
- Für kleinere Kinder können Sie Ausstechförmchen mit den gewünschten Motiven besorgen. Diese erleichtern das Erstellen des Stempels.

So geht's

- Das Kind legt eine Kartoffel und ein Messer vor sich. Es teilt die Kartoffel mit dem Messer in zwei Hälften.
- In die feuchte, angeschnittene Seite schneidet das Kind die Umrisse seines Motives ein (oder drückt das Ausstechförmchen fest hinein).
- Nun entfernt es mit dem Messer den äußeren Rand der Kartoffel. Es schneidet dazu von außen bis zum Motiv ein – etwa 1 cm unterhalb. Das Motiv bleibt reliefartig stehen, der Rest wird entfernt.
- Das Kind bemalt jetzt sein Motiv mit Farbe, drückt den Stempel auf die zu bedruckende Unterlage und wiederholt diesen Vorgang mehrmals.

Ideen

Mit dem Kartoffeldruck lassen sich viele kleine Geschenke bedrucken, die Sie beispielsweise auf Märkten anbieten könnten.

Das wären z. B.:

- Geschirrtücher (mit Textilfarbe bedruckt)
- Topflappen (mit Textilfarbe bedruckt)
- Küchenhandschuhe (mit Textilfarbe bedruckt)
- Kochschürzen (mit Textilfarbe bedruckt)
- Jutebeutel (mit Textilfarbe bedruckt)
- Untersetzer aus Kork (mit Acrylfarbe bedruckt)
- Faltkarten zum Verschenken (mit Wasserfarbe oder Acrylfarbe bedruckt)
- Geschenkpapier (braunes Packpapier mit Wasser- oder Acrylfarbe bedruckt)

Foto: © Susanne Vogt

EINFACHE KRÄNZE

Darum geht's

Kränze eignen sich für jede Jahreszeit und jeden Anlass. Egal ob Blumenfest, Tag der offenen Tür oder auch in der Vorweihnachtszeit – Kränze sind immer sehr beliebt. Eine sehr schnelle und einfache Version wird hier gezeigt.

Schwierigkeitsgrad

mittel

Material pro Kranz

- ✔ Steckschwamm-Kranz
- ✔ Blumen oder Äste
- ✔ Schere

Das bereiten Sie vor

- Besorgen Sie für jedes Kind einen Steckschwamm-Kranz.
- Stellen Sie auch benötigte Blumen etc. bereit.

So geht's

- Das Kind legt den Kranz vor sich. Es schneidet oder bricht die Blumenstiele ab, wenn diese mehr als 5 cm lang sind.
- Die Blumen steckt das Kind jetzt in den Kranz. Es achtet darauf, dass der Kranz später nicht mehr zu sehen ist. Er sollte ganz mit Blumen bedeckt sein.

- Das Kind kann den Kranz z. B. als Kopfschmuck tragen.
- Der Kranz kann aber auch dekoriert und als Tischschmuck verwendet werden.

GRASKOPF

♥ Darum geht's

Nach einer lustigen Fotosession entstehen personalisierte Pflanztöpfe, denen grüne Haare wachsen.
Dies ist eine Arbeit, die etwas Zeit in Anspruch nimmt, denn sie bedarf mehrerer Schritte.

Schwierigkeitsgrad

einfach

Material pro Graskopf

- ✔ 1 Mini-Blumentopf (ca. 5 cm Durchmesser)
- ✔ etwas Pflanzerde
- ✔ Kresse-Samen
  (oder 1 Mini-Efeu für die Variante)
- ✔ 1 Glas oder Mini-Übertopf
  (sollte etwas größer sein als der Mini-Blumentopf, ca. 7 cm Durchmesser)
- ✔ 1 halbe DIN-A4-Laminierfolie, der Länge nach halbiert
- ✔ etwas farbiges DIN-A4-Tonpapier, der Länge nach halbiert
- ✔ Klebestreifen
- ✔ Schere
- ✔ Wasser zum Befeuchten der Erde

Sonstiges Material

- ✔ 1 Laminiergerät
- ✔ 1 Fotoapparat
- ✔ 1 Farbdrucker

So bereiten Sie den Übertopf vor

- Machen Sie im Vorfeld ein Foto von jedem Kind. Damit das Kind einen passenden Gesichtsausdruck (z. B. Blick nach oben) macht, können Sie ihm dafür etwas Lustiges auf den Kopf legen.
- Drucken Sie das Foto im gewünschten Format aus. Achten Sie darauf, dass der Kopf jedes Kindes so groß abgebildet ist, dass er auch dann noch hoch genug ist, wenn Sie den Oberkopf abschneiden.

So geht's

- Das Kind klebt das Bild auf einen farbigen Hintergrund und schneidet es zurecht. Geben Sie ggf. Hilfestellungen und achten Sie darauf, dass es in Höhe und Breite zum Mini-Übertopf passt.
- Laminieren Sie das Bild.
- Kleben Sie das laminierte Bild mit etwas Klebestreifen um den Mini-Übertopf.

- Jedes Kind nimmt einen Mini-Blumentopf und befüllt ihn mit etwas Pflanzenerde.
- Es nimmt sich eine Handvoll Kressesamen und sät diese in die Erde aus. Nun bedeckt es die Samen mit etwas Erde.
- Das Kind befeuchtet die Erde und wartet ab, bis die Kresse wächst. Das dauert in der Regel ein paar Tage. Denken Sie daran, dass die Kresse regelmäßig gegossen wird.

Variante ohne Ansäen

Wenn Sie nur den Topf verschenken möchten, können Sie auch Efeu kaufen und hineinstellen.

Foto: © Susanne Vogt

SALZTEIG-HÄNGER MIT BLUMEN

Zutaten für den Salzteig

- ✔ 2 Tassen Mehl
- ✔ 1 Tasse Speisestärke
- ✔ 1 Tasse Salz
- ✔ 2 Esslöffel Speiseöl
- ✔ 1 Tasse Wasser

Das bereiten Sie vor

- Besorgen Sie alle Zutaten für den Salzteig.
- Trocknen Sie die Blumen vorgängig (siehe Beschreibung S. 15).
- Achten Sie darauf, dass die Kinder zum Ausstechen Plastikbecher benutzen, kein Glas.

So geht's

- Die Kinder kneten aus den Zutaten einen sämigen Teig.
- Mit dem Nudelholz rollen sie den Teig flach aus.
- Sie stechen mit dem Plastikbecher Kreise aus dem Teig aus.

- Sie arrangieren die gesammelten Blumen etc. auf den Salzteigkreisen und drücken diese vorsichtig mit der flachen Hand in den Teig, damit sie besser halten. Ggf. benutzen die Kinder hier noch einmal das Nudelholz, um die Blumen in den Teig zu drücken.

♥ Darum geht's

Ein kleines dekoratives Element entsteht aus ganz normalem Salzteig sowie Blüten und Ästen aus der Natur. Diese Bastelarbeit eignet sich für jede Jahreszeit – als Dekoration für Zweige oder als Geschenkanhänger.

Schwierigkeitsgrad

mittel

Material

- ✔ gepresste Blumen oder Gräser
- ✔ 1 Teigschüssel
- ✔ Plastikbecher zum Ausstechen
- ✔ 1 Nudelholz
- ✔ Schaschlikstäbchen
- ✔ Garn als Aufhänger
- ✔ Schere
- ✔ evtl. Sprühlack

Fotos: © Melanie Schölzke

- Die Kinder drehen den Salzteig-Hänger um, also die Unterseite ohne Blüte nach oben. Dies geschieht, um sicherzugehen, dass die Blumen beim Backen nicht beschädigt werden.
- Mit dem Schaschlikstäbchen stechen die Kinder ein Loch in den Kreis. Dieser befindet sich in Randnähe und wird später die Stelle, an der der Aufhänger befestigt wird.

- Backen Sie nun den Salzteig bei 150 Grad etwa eineinhalb Stunden.
- Fixieren Sie ggf. nach dem Auskühlen des Teiges die Blüten mit Sprühlack.
- Die Kinder ziehen jetzt das Garn durch das kleine Loch und knoten es zusammen.

Häkelspitze

Wissenswertes zum Trocknen und Pressen der Blüten

Achten Sie darauf, dass die Blüten schon beim Sammeln recht trocken sind. Zu pralle junge Blüten sind nur schwer zu pressen. Legen Sie die Blüten zwischen zwei Lagen Zeitung und beschweren Sie sie mit Büchern. Kontrollieren Sie nach etwa zwei Wochen, wie trocken die Blüten sind. Lassen Sie sie lieber länger als zu kurz trocknen.

Alternative Ideen

- Sehr hübsch sieht es auch aus, wenn Sie statt der Blüten einen Abdruck in den Salzteig machen. Sie benötigen dafür lediglich Häkelspitze oder alte Vorhänge. Diese legen Sie auf den ausgewalzten Teig, rollen ein paar Male mit dem Nudelholz darüber und ziehen die Spitze wieder ab. Mit einem Ausstechförmchen bringen Sie Ihren Hänger dann in die gewünschte Form.
- Auch schön ist es, wenn Sie mit Keksstempeln Muster in den Salzteig drücken. Stechen Sie die Umrisse wieder mit Ausstechförmchen aus.

GEMÜSEBÜRSTEN-MAUS

♥ Darum geht's

Aus einer gekauften Gemüsebürste entsteht eine kleine Maus. Die ideale, schnell gemachte Geschenkidee für (Groß-)Eltern oder für den nächsten Markt – mit Geling-Garantie.

Schwierigkeitsgrad

schwer

Material pro Bürste

- ✔ 1 Gemüsebürste (idealerweise mit Aufhäng-Loch)
- ✔ Acrylfarbe in Grau und Weiß
- ✔ Borstenpinsel
- ✔ 1 Wattestäbchen
- ✔ 1 wasserfester schwarzer Stift
- ✔ Lederreste (grau), ca. 4 x 3 cm
- ✔ Wollreste (grau), ca. 1,20 m
- ✔ Schere
- ✔ 1 Kugelschreiber
- ✔ 1 Handbohrer
- ✔ evtl. Ahle
- ✔ evtl. etwas Malerkrepp
- ✔ Heißkleber
- ✔ evtl. Bohrmaschine

Das bereiten Sie vor

- Bohren Sie mit dem Handbohrer die Löcher für die Lederohren vor.
- Falls Ihre Büste kein Aufhäng-Loch hat, müssten Sie hinten an der Bürste mit der Bohrmaschine ein Loch für den Schwanz der Maus bohren.
- Zeichnen Sie für die kleineren Kinder zwei Mauseohren auf der rauen Rückseite des Lederrestes vor. Benutzen Sie dafür einen Kugelschreiber. Als Vorlage für die runden Ohren sind Geldstücke sehr gut geeignet. Wählen Sie einfach die passende Größe für Ihre Bürste aus.
- Kleben Sie bei Kindern, die etwas mehr klecksen, die Borsten evtl. mit Malerkrepp ab.

So geht's

- Die Kinder bemalen den hölzernen Teil der Bürste mit dem Borstenpinsel und grauer Acrylfarbe.
- Die weiße Acrylfarbe wird mit dem Wattestäbchen in Form von zwei Punkten aufgetragen bzw. gestempelt. Das werden später die Augen.
- Während die Farbe trocknet, schneiden die Kinder die Ohren aus. Geschicktere Kinder können diese auch selbst mithilfe eines Geldstückes vorzeichnen und dann ausschneiden.
- Für den Schwanz der Maus fertigen Sie nun eine Kordel an.
- Ist die Farbe auf der Bürste getrocknet, können Sie mit dem Heißkleber die Ohren ankleben. Hier ist es hilfreich, wenn Sie eine Ahle benutzen, um die Lederkreise in die vorgebohrten Löcher zu schieben. Arbeiten mit Heißkleber oder gefährlichen Werkzeugen sollten immer Sie als Erwachsene übernehmen.
- Ebenfalls mit Heißkleber wird jetzt der Schwanz befestigt. Unter Umständen ist es hilfreich, wenn Sie nach dem Einfädeln des Schwanzes in das Loch noch einen zusätzlichen Knoten machen. Dieser gibt mehr Halt.
- Zum Schluss zeichnen die Kinder noch die Nasenspitze mit dem schwarzen Stift auf und verschönern die Augen.

Variante für kleinere Kinder

- Falls Ihnen die Herstellung der Kordel zu aufwändig ist, können Sie auch ein fertiges Seil als Schwanz der Maus verwenden. Dickere Seile sind in Bastelgeschäften, Stoffläden und auch im gut sortierten Einzelhandel erhältlich.
- Statt die Augen der Maus aufzumalen können Sie auch Wackelaugen verwenden. Kleben Sie diese einfach mit Heißkleber auf.

YTONG®-OBJEKT

Das bereiten Sie vor

Besorgen Sie für jedes Kind ein Stück Ytong®. Dieses Baumaterial erhalten Sie im Baumarkt oder bei Maurer-Fachbetrieben.

So geht's

- Das Kind bearbeitet den Ytong® nach Herzenslust mit den diversen Werkzeugen. Es sammelt dabei wertvolle Erfahrungen in Bezug auf Handhabung der Werkzeuge und auch auf deren Wirkung.
- Ist die Grundform des Steines entstanden, schleift das Kind die Konturen. Eine Skulptur entsteht.

Tipp

Wenn Sie kleine Vasen herstellen möchten, können Sie selbst mit dem Handbohrer noch ein Loch in die Skulptur bohren. In dieses Loch stellen Sie einfach ein Reagenzglas. Fertig ist die Vase.

♥ Darum geht's

Bei dieser Arbeit geht es richtig zur Sache. Die Kinder arbeiten im Freien und hobeln, schleifen und hämmern kleine Objekte aus Ytong®.

Schwierigkeitsgrad

mittel

Idee

Aus mehreren kleinen Ytong®-Figuren lassen sich dekorative Elemente für das Außengelände herstellen. Wenn Sie diese jeweils komplett mit dem Bohrer durchbohren und dann auf ein Metallrohr auffädeln, ist die Skulptur schon fertig. Sie kann hell bleiben oder auch mit Acrylfarben bemalt werden.

Material

- ✔ Ytong® (in gewünschtem Format)
- ✔ Schleifpapier
- ✔ Feile
- ✔ Hammer
- ✔ evtl. weitere Werkzeuge
- ✔ 1 Schutzbrille pro Kind

Hinweise

- Die Arbeit mit Ytong® ist weitgehend unbedenklich. Trotzdem sollten Sie die Kinder stets im Blick haben und zu keiner Zeit unbeaufsichtigt lassen.
- Verlagern Sie diese Aktivität auf jeden Fall ins Außengelände, weil bei der Verarbeitung von Ytong® Staub freigesetzt wird.

Fotos: © Susanne Vogt

3D-KARTE

Das bereiten Sie vor

Fragen Sie die Kinder, welcher der Vorderteil ihrer „Bühne“ sein soll. Aus diesem entfernen Sie mit dem Cutter den Mittelteil, damit ein Fenster entsteht.

So geht's

- Das Kind beklebt zuerst die hintere „Bühnenfläche“ mit dekorativen Details seiner Wahl. Es verwendet dafür Tapeten- und Papierreste seiner Wahl, Glimmer etc.
- Nun schneidet es ein Motiv aus, also z. B. sein Foto o. Ä.
- Es klebt das Motiv von außen oder innen an den vorderen Bühnenteil, je nachdem, wie es das Kind schöner findet.
- Auch den vorderen Bühnenteil verziert es.
- Während der Trockenphase der beiden Teile schneidet das Kind die Abstandhalter aus. Bei der A6-Karte messen Sie einen Streifen von 4 x 9 cm ab.
- Es faltet den Streifen als Ziehharmonika, also Zickzack.
- Das Kind schneidet noch einen identischen Abstandhalter aus und faltet ihn.
- Beide Abstandhalter klebt es jetzt seitlich zwischen die beiden Bühnenteile, sodass diese miteinander verbunden sind, aber einen Abstand haben.

- Das Kind kontrolliert, ob die Karte auf- und zugefaltet werden kann, also ein- und ausklappbar ist.
- Die Karte kann nun noch weiter verziert werden.

Darum geht's

Aus zwei ausgedienten Karten, etwas Tonpapier und jeder Menge Deko entstehen individuelle Karten mit 3-D-Effekt. Mit anderen Maßen ist diese Bastelarbeit auch als Bühnenbild für Fingerpuppen geeignet.

Schwierigkeitsgrad

mittel

Material pro Karte

- ✔ 2 gleich große Karten mit beliebigem Motiv
- ✔ 1 Foto einer Person oder anderes Motiv
- ✔ Tapetenreste, Zeitschriftenreste
- ✔ Tonpapier
- ✔ Glimmer
- ✔ goldene oder silberne Aufkleber
- ✔ Cutter
- ✔ Schere
- ✔ Klebestift

Fotos: © Susanne Vogt

SELBSTGEMACHTE SEIFEN

♥ Darum geht's

Ein duftendes Präsent für jede Jahreszeit entsteht, bei dem die Kinder kräftig kneten und formen dürfen, also auch haptische Erfahrungen sammeln. Gezeigt werden zwei Varianten der Seifenherstellung.

Schwierigkeitsgrad

mittel

Material pro Seife

- ✔ 200 g Seifenstreusel
- ✔ 15 Tropfen eines ätherischen Öls (z. B. Lavendel, Zimt, Zitrone)
- ✔ evtl. Seifenfarbe
- ✔ evtl. Silikonform, alte Plätzchenform o. Ä.
- ✔ evtl. Dekoration (Zimtstangen bei Zimtseife, Zitronenscheiben bei Zitronenseife, Blüten bei Blütenseife)
- ✔ Jutegarn und Rupfenband zum Verzieren

Das bereiten Sie vor

- Besorgen Sie die Seifenstreusel für jedes Kind. Sie erhalten diese im Bastelgeschäft.
- Lesen Sie die Packungsbeilage des Herstellers gut durch. Besorgen Sie ggf. weitere benötigte Materialien, wie Wasser oder Öl. Bereiten Sie die Seifenmasse vor.
- Überlegen Sie, ob Sie die Seife gießen oder von Hand formen möchten. Besorgen Sie sich eine schöne Silikonform. Sie können solche Seifen für jeden Anlass (Muttertag – Herz, Weihnachten – Stern etc.) herstellen.

So geht das Gießen in der Silikonform

- Die Kinder kneten die vorbereitete Seifenmasse. Falls diese zu fest ist, geben sie etwas mehr Wasser hinzu. Die Masse sollte weich und gut formbar sein.
- In die Masse geben Sie jetzt 15 Tropfen ätherisches Öl, das die Kinder gut einarbeiten.
- Die Kinder gießen nun die Form mit der Seifenmasse aus.
- Jedes Kind legt die vorbereitete Dekoration in die Seife und drückt sie ein wenig an.
- Trockenzeit und Entnehmen aus der Form erfolgen nach Beschreibung des Herstellers.
- Fertige Seifen können anschließend mit Jutegarn, Rupfenband, Dekoband und anderen Materialien verziert werden.

So geht das Formen der Seifen von Hand

- Die Kinder kneten die Seifenmasse und formen daraus durch Rollen eine kleine Kugel o. Ä.
- Die Seife trocknet und härtet nach Beschreibung des Herstellers aus.

HERZ AUS KORKEN

♥ Darum geht's

Weinkorken und ein wenig Karton ergeben ein Herz, das als Untersetzer für warme Speisen, aber auch als Deko verwendet werden kann.

Schwierigkeitsgrad

mittel

Material pro Herz

- ✔ 1 flacher Karton
- ✔ Bleistift
- ✔ Schere
- ✔ viele Weinkorken
- ✔ Bastelkleber
- ✔ evtl. Ahle
- ✔ evtl. Dekoband

Das bereiten Sie vor

- Sammeln Sie selbst Korken oder bitten Sie die Eltern darum, welche mitzubringen. Als Idee: Sie erhalten Korken bei vielen Restaurants oder Vinotheken, wenn Sie rechtzeitig danach fragen.
- Besorgen Sie Bastelkleber, der auch für Kork geeignet ist. Sie erhalten ihn im Bastelladen.
- Entscheiden Sie selbst, wie hoch das Objekt werden soll. Sie können die Korken auch in der Höhe halbieren. Dazu verwenden Sie ganz einfach ein scharfes Messer. Dieser Schritt ist vor allem beim Untersetzer sinnvoll.

So geht's

- Das Kind zeichnet ein Herz mit Bleistift auf den Karton. Achten Sie darauf, dass es groß genug ist.
- Das Herz wird jetzt ausgeschnitten und dann großzügig mit Bastelkleber bestrichen.
- Auf den flüssigen Kleber stellt das Kind jetzt die Korken. Es achtet darauf, dass die Korken dicht aneinanderstehen.
- Das Herz muss nun trocknen. Fertig ist der Untersetzer.

Falls Sie das Herz aufhängen möchten

- Die Bastelschritte bis zum fertigen Herz sind dieselben wie eben beschrieben.
- Bohren Sie im fertigen Herz oben mit der Ahle ein Loch.
- Fädeln Sie das Dekoband als Aufhänger hindurch und binden Sie eine Schleife.

Alternative Idee: Weihnachtsbaum

- Soll der Baum liegen, können Sie eine dreieckige Form aus Karton ausschneiden und, wie auf S. 22 beschrieben, bekleben. Falls er frei stehen soll, sollten die Kinder keinen Karton benutzen.
- Sie sollten den Baum im Liegen erst konzipieren, indem sie die Korken stehend nebeneinander als Dreieck platzieren. Dann kleben sie die lange Seitenfläche eines jeden Korkens mit ausreichend Bastelkleber an den Nachbarkorken. Auf diese Weise verkleben sie alle Korken miteinander. Hier sollten Sie Hilfestellungen geben, da es bei der Anzahl der Korken vielleicht unübersichtlich werden kann.
- Auf die Spitze des Baumes können die Kinder entweder (wie im Bild) einen dekorativen Champagnerkorken kleben oder auch einen Holzstern.
- Den Stamm des Baumes könnte das Kind aus einer kleinen runden Dose zaubern.
- Ist der Kleber getrocknet, können einzelne Akzente gesetzt werden, indem ein paar Korken mit Acrylfarbe bemalt werden.

Idee: Floß

Falls Sie einmal mit den Kindern am Wasser spielen, ist ein Floß aus Weinkorken vielleicht eine Idee. Für die Grundfläche klebt das Kind 3-mal zwei Korken mit je einer runden Seite aneinander und diese drei „Türme" dann seitlich aneinander. Den Mast des Segels bildet ein Schaschlikstab und das Segel ein Stück Stoff oder das Blatt eines Baumes.

INDIVIDUALISIERTE RECYCLING-BILDERRAHMEN

Darum geht's

Aus einem alten Bilderrahmen entsteht ein neuer, individuell auf den Beschenkten angepasster Rahmen. Die ideale, schnell gemachte Geschenkidee für Papas, Mamas oder Großeltern. Hier werden verschiedene Möglichkeiten des Upcyclings vorgestellt.

Schwierigkeitsgrad

einfach

Ideen

- Für Köche und Köchinnen: Nudeln, getrocknete Erbsen oder Bohnen
- Für Naturverbundene: Kieselsteine, Astscheiben, Äste, Muscheln, kleine Tannenzapfen
- Für Heimwerker: Schrauben und Muttern (diese am besten mit Heißkleber fixieren), Holzwolle
- Für Spiele-Liebhaber: Puzzleteile
- Für Weinliebhaber: Korken oder Korkscheiben
- Für Fahrzeugfreaks: alte Spielzeugautos
- Für Büroangestellte: Büroklammern
- Für Nähliebhaber: Knöpfe, Wolle (Rahmen mit Wolle umwickeln)
- Für Musiker: Notenpapier, Miniatur-Instrumente
- Für alle: Pompons
- Jahreszeitliches: Mini-Ausstechförmchen, Plastik-Ostereier oder -Weihnachtskugeln, Konfetti

Material pro Kind

- 1 alter Bilderrahmen
- flüssiger Bastelkleber
- Gegenstände zum Bekleben (siehe Ideen)
- evtl. Dekoband
- evtl. Stanzen
- evtl. Tonpapier

Das bereiten Sie vor

- Sammeln Sie im Vorfeld alte Bilderrahmen.
- Bringen Sie in Erfahrung, welche Dekoration zu welchem Beschenkten passt, und besorgen Sie diese.
- Entfernen Sie Glasscheibe und Rücken der Rahmen.

So geht's

- Das Kind bestreicht den Rahmen mit Bastelkleber.
- Es verteilt die Dekoration nach Belieben darauf und klebt sie so fest.
- Es lässt den Rahmen trocknen.
- Wenn es möchte, kann das Kind jetzt noch etwas Dekoband oder ausgestanzte Formen aufkleben.

Varianten für kleinere Kinder

Kleinere Kinder haben noch nicht so viel Ausdauer und Feinmotorik wie ältere. Deshalb werden hier zwei ganz einfache Möglichkeiten vorgestellt, mit denen auch die Jüngsten Bilderrahmen upcyceln können.

- Kleinere Kinder können den Rahmen ganz einfach bemalen. Dafür benötigen sie lediglich etwas Acrylfarbe und einen Pinsel.
- Alternativ dazu können sie den Rahmen mit Bastelkleber bestreichen und mit Glimmer und Pailletten bestreuen. Die Partikel haften dann am Rahmen und verleihen ihm ein edleres Aussehen. Die Variante für Papas wäre dann das Bestreuen mit Sägespänen.

Foto: © Jeanette Dietl | Fotolia.com

PERSONALISIERTES SPÜLMITTEL

♥ Darum geht's

In Minutenschnelle entsteht ein personalisiertes Spülmittel mit einem Foto des Kindes und wenigen Handgriffen.

Schwierigkeitsgrad

einfach

Material pro Kind

- ✔ 1 volle Spülmittelflasche
- ✔ Foto des Kindes
- ✔ Laminierfolie
- ✔ Schere
- ✔ evtl. Aufkleber oder andere Dekoration
- ✔ evtl. Nagellackentferner
- ✔ Laminiergerät

Das bereiten Sie vor

- Machen Sie ein Foto von jedem Kind oder bitten Sie es, eines mitzubringen.
- Entfernen Sie das vordere Etikett der Flasche. Sollte es Spuren von Kleber hinterlassen, benutzen Sie Nagellackentferner.

Tipp

Besorgen Sie möglichst durchsichtiges Spülmittel. Darin ist das Ergebnis am schönsten.

So geht's

- Das Kind schneidet sein Foto entlang der Umrisse aus.
- Nun gestaltet es sein Foto passend zu einem Thema aus, indem es weitere Details (z. B. Taucherflasche und Fische für ein Unterwasserbild, eine Wolke, Sonne oder Sterne und Vögel für ein Luftbild) ergänzt.
- Das ganze Bild legt es in eine Laminierfolie.
- Laminieren Sie das Bild und lassen Sie die Kinder es erneut ausschneiden. Achten Sie darauf, dass um die laminierten Dinge herum auf allen Seiten ein Rand von mindestens 1 cm bleibt.
- Nun helfen Sie dem Kind, das Foto durch Zusammenrollen über den Flaschenhals in die Flasche zu bringen.
- Die Flasche kann nun mit einem Perlen-Pen, Aufklebern oder Bändern verziert werden.

Alternative Idee: Handseife

Verfahren Sie bei der Herstellung der Handseife genau wie oben beschrieben.
Wenn Sie möchten, können Sie hier auch Glimmer zugeben. Das ist schön und stört nicht beim Händewaschen.

Alternative Idee: Kind in Öl

Was nach einem Ölgemälde klingt, ist in Wirklichkeit eine Abwandlung der eben beschriebenen Idee. Statt in Spülmittel ist das Foto des Kindes in einer Flasche Speiseöl zu sehen. Eine witzige Idee, die sicher vielen ein Schmunzeln auf die Lippen zaubert. Besonders wenn ein kleines Zertifikat dazugeschrieben ist, das „Max in Öl“ genauer erklärt und den Beschenkten als Besitzer einer wahren Rarität beschreibt.

Tipp

Viele Ölflaschen sind grün. Es gibt aber auch helle. Diese (oder Ölflaschen aus PET) sollten Sie verwenden. Denn in grünen Flaschen wird das Ergebnis nicht so schön.

So könnte ein Zertifikat aussehen.

Foto: © AlenKadr | Fotolia.com

KRONKORKEN-MAGNET

♥ Darum geht's

Als kleines und schnell gemachtes Geschenk entsteht aus einem alten Kronkorken ein Mini-Magnet für den Kühlschrank.

Schwierigkeitsgrad

einfach ♥ ♡ ♡

Material pro Magnet

- ✔ 1 Kronkorken
- ✔ etwas Dekoband
- ✔ Schere
- ✔ Flüssigkleber
- ✔ Reste von Tonpapier oder Moosgummi
- ✔ Stanzen mit verschiedenen Formen
- ✔ Dekomaterial, wie Pailletten oder Strasssteinchen
- ✔ 1 Magnet
- ✔ Heißkleber

Das bereiten Sie vor

- Waschen Sie alle Kronkorken vorher gut ab.
- Besorgen Sie für jeden Kronkorken einen ausreichend starken Magneten.
- Für kleinere Kinder ist es sinnvoll, für jeden Magneten eine Kartonscheibe, die genau in den Kronkorken passt, zu besorgen.

Tipp

Fragen Sie Hersteller von Ordnern für den Bürobedarf an. Diese produzieren massenweise solche Kartonscheiben, die genau in den Kronkorken passen. Die Scheiben sind schon farbig und können einfach eingeklebt werden. Sollten Sie solche Punkte nicht erhalten, können Sie mit dem Loch im Ordnerrücken abmessen, welchen Durchmesser ein solches Plättchen hat, und dieses dann damit aufzeichnen und ausschneiden.

So geht's

- Das Kind klebt zuerst die kleine Kartonscheibe in den Kronkorken.
- Es stanzt Formen aus Moosgummi oder Tonpapier aus und klebt diese auf die Kartonscheibe.
- Nun klebt es noch Verzierungen in den Kronkorken.
- Ist das Innere des Kronkorkens fertig, klebt das Kind am äußeren gerillten Rand des Kronkorkens mit ausreichend Kleber das Dekoband an. Es achtet darauf, dass die schöne Zierseite in die richtige Richtung zeigt und unten nicht übersteht.
- Ist alles getrocknet, kleben Sie auf der Unterseite des Kronkorkens den Magnet mit Heißkleber auf.

Fotos: © Susanne Vogt

BACKMISCHUNG IM GLAS

Darum geht's

Als kleines Geschenk entsteht eine Backmischung, die dem Beschenkten ihre einzelnen Bestandteile in Form von Schichten dekorativ präsentiert. Rechnen Sie bitte für dieses Projekt ein, dass Sie den Bastelvorgang bei jedem Kind individuell begleiten.

Schwierigkeitsgrad

mittel

Material pro Backmischung

- ✔ 1 Glasbehälter mit Deckel in gewünschter Form und mit ausreichendem Fassungsvermögen
- ✔ trockene Backzutaten für Ihr Rezept in ausreichender Menge
- ✔ 1 dekoratives Band, ca. 50 cm
- ✔ evtl. fertige Etiketten oder Tonkarton in 10 x 5 cm

Sonstiges Material

- ✔ 1 Esslöffel oder 1 kleine Schaufel zum Abfüllen der Backzutaten
- ✔ 1 Trichter
- ✔ 1 Küchenwaage
- ✔ evtl. Buchstabenstempel
- ✔ evtl. Stempelkissen

Das bereiten Sie vor

- Kaufen Sie für jedes Kind einen Glasbehälter mit dem entsprechenden Fassungsvermögen. Das können Einmachgläser oder auch bauchige Flaschen sein. Diese müssen gut verschließbar sein.
- Überlegen Sie gemeinsam mit den Kindern, welchen Kuchen oder welche Plätzchen die Beschenkten backen sollen. Besorgen Sie die benötigten Backzutaten in ausreichender Menge.
- Überlegen Sie sich, in welcher Reihenfolge die Kinder die Zutaten abfüllen sollen. Wichtig dabei ist, dass grobkörnigere Zutaten zum Schluss kommen und dass die Farben abwechseln.

So geht's

- Das Kind misst mit Ihrer Hilfe die Zutaten in der richtigen Menge ab und füllt diese vorsichtig in den Glasbehälter.
- Sind alle Zutaten in Schichten abgefüllt, verschließen Sie den Behälter gut.
- Das Kind befestigt das Band oben am Behälter.
- Es stempelt evtl. das Etikett und bindet es fest.
- Schreiben Sie für Ihre individuelle Backmischung das Rezept für die Beschenkten auf und legen Sie dieses der befüllten Flasche bei.

FILZSCHMETTERLING

Material pro Schmetterling

- ✔ Filz in 2 Farben
- ✔ Bastelkleber (für Filz geeignet)
- ✔ 1 Pfeifenputzer
- ✔ evtl. Schere
- ✔ 2 Holzperlen mit Loch (ca. 0,5 cm Durchmesser)

Das bereiten Sie vor

Schneiden Sie ggf. die Filzstücke für jedes Kind vor. Im gezeigten Beispiel sind diese 21 x 1 cm groß). Von jeder Farbe benötigt jedes Kind vier davon.

♥ Darum geht's

Mit ein wenig Filz und Pfeifenputzern formen die Kinder blitzschnell kleine Schmetterlinge.

Schwierigkeitsgrad

mittel ♥♥♡

Fotos: © Susanne Vogt; Wiese und Schmetterlinge © Salome | alle Fotolia.com

So geht's

- Das Kind legt einen Streifen der einen Farbe und einen der anderen deckend aufeinander. Es fixiert beide mit wenig Kleber aneinander.
- Nun wickelt es die Streifen zu einer Schnecke auf.

- Es wiederholt den Vorgang auch bei den anderen Streifen. Zum Schluss sollte es vier Schnecken haben.
- Das Kind nimmt den Pfeifenputzer und faltet diesen in der Mitte. Der Körper des Schmetterlings deutet sich so schon an.
- Um sich besser orientieren zu können, legt das Kind die vier Schnecken (Flügel) und den Pfeifenputzer vor sich auf den Tisch.

- Es verzwirbelt den Pfeifenputzer oben, sodass die Fühler sich andeuten und der Körper stabil bleibt.
- Das Kind klebt jetzt die Teile aneinander.
- Es kürzt ggf. die Fühler mit der Schere.
- Zum Schluss steckt es die Holzperlen auf die Fühler.

Holzperlen aufstecken

- Wenn Sie möchten, können Sie jetzt einen Aufhänger (Stück Faden) am Schmetterling befestigen.

GESCHLEUDERTER UNTERSETZER

Material

- 1 runder Korkuntersetzer pro Kind
- Acrylfarben
- dicker Borstenpinsel
- alte Salatschleuder
- etwas Malerkrepp

Das bereiten Sie vor

- Besorgen Sie die Korkuntersetzer. Sie erhalten diese sehr günstig z. B. in einem schwedischen Möbelhaus.
- Achten Sie darauf, dass jedes Kind mit einem Malkittel ausgestattet ist.

Darum geht's

Ein schnelles Mini-Geschenk mit Geling-Garantie entsteht aus einem Korkuntersetzer. Mit einer alten Salatschleuder und einer Menge Vergnügen verzieren die Kinder den Untersetzer. Aha-Erlebnisse garantiert.

Schwierigkeitsgrad

einfach

Fotos: © Susanne Vogt; Salatschleuder © Andrea | Fotolia.com

So geht's

- Das Kind grundiert den Korkuntersetzer mit der Acrylfarbe. Es bestreicht dazu nur eine der beiden Seiten und den Rand.

- Befestigen Sie den grundierten Untersetzer mit etwas Malerkrepp in der Salatschleuder, indem Sie dieses auf der Unterseite anbringen. Die grundierte Seite zeigt nach oben.
- Das Kind tropft nun direkt aus der Flasche oder mit einem Pinsel etwas Farbe auf den Untersetzer. Es achtet darauf, dass die Farbe dick aufgetragen und mittig ist.
- Nun schließt das Kind den Deckel der Salatschleuder und beginnt, zu drehen. Durch das Drehen wird die Farbe von der Mitte des Untersetzers nach außen geschleudert.
- Das Ergebnis kann jetzt betrachtet werden. Gefällt es noch nicht, kann noch einmal Farbe aufgetragen und geschleudert werden.

- Auf diese Weise können mit dem Prinzip Zufall ganz wundervolle Untersetzer entstehen.

Tipp

Auch Holzscheiben, Bierdeckel oder einfache runde Papiere können so verziert werden. Sogar das Thema „Farben mischen" können Sie damit leicht aufgreifen.

FALT-MONSTER

EINFACHE MONSTER-FALTKARTE

Material pro Karte

- ✔ farbiges Tonpapier (ca. 10 x 30 cm)
- ✔ weißes Papier
- ✔ Schere
- ✔ Wackelaugen
- ✔ Klebestift
- ✔ Flüssigkleber

♥ Darum geht's

Aus etwas Tonpapier und Wackelaugen entstehen schnelle Lesezeichen oder Faltkarten. Gezeigt wird die Bastelidee mit dem Thema Monster, weil dieses bei den Kindern sehr beliebt ist und deren Fantasie anregt. Die Idee kann jedoch sehr einfach auf andere Themen abgewandelt werden.

Schwierigkeitsgrad

einfach bis mittel

So geht's

- Das Kind legt das Tonpapier hochkant vor sich.
- Es faltet den unteren Teil des Papiers zu etwa zwei Dritteln nach oben.
- Den oberen Teil klappt es jetzt nach unten. Das ist der Teil, an dem die Zähne befestigt werden.
- Damit das Kind sich leichter orientieren kann, klebt es nun die Wackelaugen auf den oberen Teil des Monsterkopfes. So sieht es, wo oben und unten ist und wo es die Zähne später ankleben muss.
- Das Kind schneidet Zähne aus dem weißen Papier aus. Ältere Kinder könnten angehalten werden, Zickzack-Linien auszuschneiden. Kleinere Kinder schneiden kleine Dreiecke aus.
- Das Kind klebt die Zähne von innen an den zu öffnenden Teil.
- Wenn es mag, kann es zum Schluss noch eine lustige Zunge oder andere Deko ausschneiden und diese ankleben.
- Diese Faltarbeit kann jetzt entweder als Karte verwendet werden oder, wenn Sie den unteren Teil einfach zukleben, auch als Lesezeichen.

Einfache Monster-Faltkarte

MITTELSCHWERES MONSTER-LESEZEICHEN

Material pro Lesezeichen

- ✔ quadratisches farbiges Papier (z. B. 20 x 20 cm)
- ✔ weißes Papier, alternativ Wackelaugen
- ✔ Reste von farbigem Papier
- ✔ Schere
- ✔ schwarzer Filzstift
- ✔ Klebestift

So geht's

- Das Kind faltet, schneidet und klebt die Grundform des Lesezeichens entsprechend der gezeigten Bastelschritte.
- Es überlegt sich, wie es das Lesezeichen dekorieren möchte.
- Nun schneidet es aus dem weißen Papier die Augen aus.
- Es klebt diese am Kopf an.
- Mit dem schwarzen Filzstift gestaltet es die Augen fertig aus.
- Nun schneidet es aus den Papierresten weitere Details (wie z. B. Zähne, Ohren, Nase, Zunge, Hörner, Hut etc.) für seine Figur aus und klebt diese an.

Einfaches Lesezeichen

Variante für jüngere Kinder

Ein einfaches Lesezeichen entsteht schon dann, wenn man von einem gleichschenkligen Dreieck die Spitze nach vorn faltet und das Ganze als Vogel gestaltet, z. B. mit Wackelaugen und Federn.

Faltanleitung

♥ Darum geht's

Nicht mehr benötigte Bücher (oder Kataloge) verwandeln sich in Minutenschnelle in Igel, die nicht nur dekorativ aussehen, sondern auch als Notizhalter Verwendung finden.

Schwierigkeitsgrad

mittel **bis schwer**

Tipp für kleinere Kinder

Wenn es schneller gehen soll, können die Kinder mehrere Seiten gleichzeitig falten (s. Foto oben).

Tipp für ältere Kinder

Ältere Kinder können ihrem Igel einen schrägen Hintern machen. Dazu falten sie einfach auf jeder Buchseite beide Ecken zur Mittelfalz.

NOTIZHALTER-IGEL

Material pro Igel

- ✔ 1 kleines Buch oder 1 kleiner Katalog (ca. DIN A5, ab 70 Seiten)
- ✔ 2 Wackelaugen
- ✔ 1 schwarzer Klebepunkt (alternativ schwarze Filzkugel)
- ✔ Heißkleber oder Sekundenkleber

Das bereiten Sie vor

- Falls Sie keine kleinen Bücher oder Kataloge haben, schneiden Sie einfach größere mit dem Cutter zurecht.
- Stellen Sie evtl. eine Falthilfe her.
- Probieren Sie das Falten des Igels vorher aus, um sich eine Übersicht über Größe und Seitenzahl des benötigten Buches zu verschaffen. Dabei können Sie abschätzen, wie gefaltet werden soll. Entscheiden Sie, ob auch die Längsseite des Buches gefaltet werden muss (s. Foto) oder ob es reicht, nur die Ecken der Seiten zur Mitte zu falten.

Falthilfe

So geht's

- Das Kind faltet jeweils die oberen Hälften der einzelnen Seiten bis zur Mittelfalz. Die Faltung wird später die Schnauze des Igels. Falls das Kind noch nicht gut falten kann, verwenden Sie eine Falthilfe.
- Die Wackelaugen und die Nasenspitze werden jetzt aufgeklebt.

BUCH-ENGEL

Material pro Buch-Engel

- ✔ 1 altes Buch
- ✔ 1 Schaschlikspieß
- ✔ 1 Styropor®-Kugel (in passender Größe)
- ✔ Tortenspitze
- ✔ Schere
- ✔ Engelshaar (oder Wolle)
- ✔ Flüssigkleber
- ✔ Heißkleber
- ✔ Deko (Klebesterne, Goldketten, Dekobänder, Glitter-Pen etc.)

Das bereiten Sie vor

- Fragen Sie in Bibliotheken oder bei den Kita-Eltern nach alten Büchern. Am besten eignen sich Hardcover-Bücher mit festem Einband.
- Stellen Sie evtl. eine Falthilfe her (Bild siehe S. 36).

So geht's

- Das Kind faltet die eine Ecke der Buchseite zur Mittelfalz. Evtl. benutzt es dafür die Falthilfe.
- Es wiederholt den Vorgang bei allen Seiten. Das Gewand des Engels entsteht so.
- Mit dem Schaschlikstab sticht das Kind in die Styropor®-Kugel. Der Spieß sollte fest sitzen. Er ist später die Steckverbindung zwischen dem Körper und dem Kopf des Engels.
- Den Schaschlikspieß steckt das Kind jetzt in die Falte, die sich im Buchrücken an der Buchbindung bildet. Der Kopf steckt nun an der richtigen Stelle.
- Mit dem Flüssigkleber befestigt das Kind Engelshaar (oder Wolle) am Kopf.
- Die große Tortenspitze halbiert das Kind mit der Schere. Vorher faltet es Hälfte auf Hälfte, um genau zu sehen, wo es schneiden muss.
- Das Kind klebt die Hälften der Tortenspitze als Flügel auf den Bucheinband. Dieser wird dadurch verdeckt, gibt den Flügeln aber immer noch Halt.

Mit der weiteren Deko wird das Kleid des Engels verziert. Bei schwereren Elementen, wie der Perlenkette, sollten Sie helfen und diese Teile mit Heißkleber befestigen.

Idee: Deko-Objekte

Aus einem alten Katalog ist dieses Deko-Objekt entstanden, das man auch als Bilderhalter etc. verwenden kann.

PAKETBANDSPENDER MIT GESICHT

Material pro Spender

- 1 PET-Flasche (gespült) pro Kind
- Schere
- evtl. Tapetenkleister
- evtl. Zeitungen
- Acrylfarbe
- mehrere Pinsel
- Sprühlack transparent
- evtl. 1 Ahle
- Paketband

So geht's

- Das Kind überlegt, wie hoch seine Figur werden soll. Es schneidet die PET-Flasche in der entsprechenden Höhe ab.
- Mit der Ahle bohrt es ein Loch in die Flasche. Begleiten Sie jedes Kind einzeln dabei, damit sich niemand verletzt. Das Loch sollte an der Stelle sitzen, an der der Mund der Figur zu sehen ist. Und es dient als Punkt, an dem später der Faden austreten kann.
- Das Kind bemalt die Flasche mit Acrylfarbe.
- Nachdem die Farbe getrocknet ist, fixieren Sie sie mit Sprühlack. Arbeiten Sie dabei im Freien.
- Zum Schluss legt das Kind die Paketbandrolle in die PET-Flasche und fädelt das Fadenende durch das Loch. Der Bandspender ist fertig. Er kann wahlweise auch Wolle, Bast oder andere Bänder spenden.

♥ Darum geht's

Aus einer handelsüblichen PET-Flasche entsteht durch Modellieren ein kreativer Paketbandspender mit Gesicht. Auch zwei weitere Alternativen werden vorgestellt, die sich hervorragend als kleine Geschenke eignen. Dieser Bastelvorgang dauert etwas länger, weil Trockenphasen mit einberechnet werden müssen.

Schwierigkeitsgrad

mittel

Tipp

Probieren Sie vorher aus, ob Ihre Acrylfarbe auf der Flasche hält. Denn nicht jeder Typ Flasche „verträgt" sich mit jeder Farbe. Sollte die Farbe abblättern, mischen Sie ihr etwas Flüssigleim bei. Dieser fungiert als Binder und sorgt dafür, dass die Farbe besser hält.

Alternative Idee:

Übertopf

Statt als Paketbandspender kann die PET-Flasche auch als Übertopf eingesetzt werden.

- Dazu schneidet das Kind die Flasche in der gewünschten Höhe ab.
- Aus Karton schneidet sich das Kind ein Stück aus, das es zu einem Leporello faltet. Das wird später die Nase.

- Diese Nase klebt es mit etwas Malerkrepp an die Flasche. Dieser Krepp ist später nicht mehr zu sehen.

- Mit Zeitungen und Kleister modelliert es jetzt die Nase und weitere Merkmale eines Gesichtes. Hier kommt die Pappmascheetechnik zum Einsatz. Das bedeutet, dass das Kind kleine Streifen Zeitung mit dem Kleister und einem Pinsel an der Flasche anklebt. Durch die Überlagerung mehrerer solcher Schichten entsteht der Eindruck eines Gesichtes.

- Die modellierte Figur trocknet gut aus.
- Nach der Trockenphase kann die Figur mit Acrylfarbe bemalt werden.
- Nach Belieben können die Kinder ihr Gesicht auch noch mit gekauften Pompons oder Wolle verzieren.
- Fixieren Sie die Farben mit Sprühlack.

Zahnbürstenständer

Einen weiteren sinnvollen Einsatz findet die modellierte Form als Ständer für Zahnbürsten. (Wenn sie weiß bemalt und nur leicht durch Modellieren verändert wird, erinnert sie in ihrer Form sogar an einen Zahn.)

Fotos: © Susanne Vogt

SKULPTUREN AUS MALERKREPP

♥ Darum geht's

Aus handelsüblichem Malerkrepp entstehen kleine Skulpturen oder auch Pflanzstecker, die schnell und ohne viel Kleckserei gemacht und sehr hübsch anzusehen sind.

Schwierigkeitsgrad

einfach ♥♡♡ bis mittel ♥♥♡

Material

- ✔ Holzklotz (je nach Vorhaben und Größe der Figur)
- ✔ Acrylfarbe
- ✔ Pinsel
- ✔ Malerkrepp
- ✔ stabiler Draht, der noch biegbar ist
- ✔ Nagel (ca. 3 cm lang)
- ✔ Hammer

Fotos: Drahtobjekt © Susanne Vogt; Kupferdraht © salita2010 | Fotolia.com

Das bereiten Sie vor

- Besorgen Sie die Holzklötze. Gehen Sie dazu in einen Baumarkt und lassen Sie ein langes Vierkantholz in kleine Teile zersägen. Dieser Service ist meist gratis und spart Ihnen viel Zeit.
- Behandeln Sie das Holz ggf. vor. Falls es Splitter verursachen könnte, schmirgeln Sie es vorgängig ab.

So geht's

- Das Kind bemalt den Sockel (Holzklotz) mit Acrylfarbe.
- Während der Sockel trocknet, formt es aus Draht die Umrisse einer beliebigen Figur.
- Die Figur modelliert es nun mit dem Malerkrepp, indem es einfach die geformten Umrisse mit Krepp umklebt.
- Ist die Figur dick und stabil genug, kann auch sie mit Acrylfarbe bemalt werden.
- Damit die Figur gut steht, wird sie nun mit dem Sockel verbunden. Dazu schlägt jedes Kind jetzt einen Nagel in den Sockel. Sie begleiten es dabei.

Weitere Ideen

- Komplexere Figuren können entstehen, wenn Sie zusätzlich zu Malerkrepp und Draht mit Karton, Tapetenkleister und Papier arbeiten. Damit können Sie vielseitige Formen erstellen und anschließend alles bemalen. Als Draht für solche schwierigeren Skulpturen eignet sich sehr gut handelsüblicher Elektrikerdraht, der bereits isoliert und etwas dicker ist.

- Mit derselben Technik können Sie als kleines Geschenk auch Pflanzstecker (oder Kräuterstecker) herstellen. Diese sind zwar nicht wetterfest, aber für überdachte Bereiche gut geeignet.

Fotos: Kreppband © tournee, Farben © gfdunt | beide Fotolia.de

PET-BLUME AM SAUGNAPF

Darum geht's

Der obere Teil einer ausgedienten PET-Flasche wird recycelt und erwacht als dekorative Blume mit Saugnapfhalterung wieder zum Leben. Und zwar als die pflegeleichteste Blume der Welt.

Schwierigkeitsgrad

mittel

Material pro Blume

- 1 PET-Flasche (gespült)
- Schere
- Transparentpapier
- 1 Bogen Küchenpapier
- Tapetenkleister
- Borstenpinsel
- Klarlack
- 1 Saugnapf
- evtl. etwas Draht

So geht's

- Zuerst reißt das Kind das Transparentpapier in kleine Schnipsel. Es braucht diese später. Am besten legt es die Schnipsel in ein kleines Tellerchen.
- Das Kind zerschneidet die PET-Flasche in zwei Teile. Den oberen Teil mit Verschluss, der etwa 10 cm lang sein sollte, verwendet es weiter. Den Rest kann es für ein anderes Projekt (z. B. Übertöpfe mit Gesicht, s. Seite 38/39) verwenden.
- Nun schneidet es mit der Schere Blütenblätter ein. Der Verschluss der Flasche bildet die Mitte der Blume. Die Blütenblätter sollten alle davon abgehen. Damit sie ungefähr gleich aussehen, können Sie die Ränder der Blütenblätter gegebenenfalls mit wasserlöslichem Stift vorzeichnen.

- Es biegt die Blütenblätter leicht nach außen, sodass die Blüte sich etwas öffnet.
- Mit dem Pinsel bestreicht das Kind die Blütenblätter nun mit Tapetenkleister. Es befestigt dann kleine Transparentpapierschnipsel auf den Blütenblättern, bis diese ganz bedeckt sind und vor allem bis eventuelle scharfe Kanten des Plastik abgeklebt sind.
- Das Kind steckt den Bogen Küchenpapier in das Innere der Blüte (in den Flaschenhals) und klebt ihn ebenfalls mit dem Kleister fest. Dies dient dazu, dass das Innere der Blüte gut ausgefüllt ist und nur noch dekoriert werden muss. Auf dem Foto sehen Sie, wo sich das Haushaltspapier befindet.

- Während die inzwischen ganz beklebten Blütenblätter trocknen, rollt das Kind einige Schnipsel zu kleinen Kugeln. Diese bilden später den Blütenstand und werden in der Mitte der Blüte aufgeklebt.
- Ist die Blume komplett getrocknet, wird der Saugnapf mit etwas Basteldraht am Flaschenhals befestigt.

Idee: Wetterfeste Variante

Eine wetterfeste Variante der Blume entsteht nicht durch Bekleben, sondern Bemalen der Blume. Mit Acrylfarbe werden die Blütenblätter bemalt. Diese fixieren Sie danach mit Klarlack. Ins Innere der Blume können Sie evtl. einen gekauften Pompon mit etwas Heißkleber kleben oder Sie lassen das Innere kurzerhand leer. Zur Befestigung der Blüte am Gartenzaun schlagen Sie einfach den Deckel der Flasche mit einem Nagel ins Holz. Dann drehen Sie die Flaschenöffnung auf den Deckel und schon ist die Blume wind- und wetterfest im Freien montiert.

Darum geht's

Es ist ganz einfach, Kugeln zu filzen. Hier finden Sie drei einfache Ideen, wie Sie diese in Form von kleinen Geschenken einsetzen können.

Schwierigkeitsgrad

mittel

Material zum Filzen

- ✔ Märchenwolle oder Filzwolle in verschiedenen Farben
- ✔ Noppenfolien als Unterlage
- ✔ Schälchen mit Wasser
- ✔ Seife
- ✔ etwas Essig

UNTERSETZER AUS FILZKUGELN

Material pro Untersetzer

- ✔ Filzmaterial (s. o.)
- ✔ runde Scheibe aus Karton (ca. 10 cm Durchmesser)
- ✔ Heißkleber

So geht's

- Das Kind erhält etwas Filzwolle (ca. 6 cm Länge, 1 cm Dicke).
- Es macht einen Knoten in die Wolle. Dieser wird später der Kern der Kugel.
- Das Kind macht seinen Filz nun etwas nass und reibt die Hände und den Filz gut mit Seife ein.
- Es macht rollende, kreisförmige Bewegungen auf der Noppenfolie. So entsteht eine Kugel.
- Dieser Vorgang wird mehrmals wiederholt. Die Kugeln sollten einen Durchmesser von ca. 2 cm haben, damit der Untersetzer mit wenigen Kugeln groß genug wird. Bei kleinen Filzkugeln werden sehr viele gebraucht.
- Die Kugeln sollen nun trocknen.
- Nach der Trockenphase können Sie mit dem Kind gemeinsam die Kugeln zu einem Untersetzer arrangieren. Kleben Sie dazu die einzelnen Kugeln mit dem Heißkleber auf die runde Unterlage – möglichst ohne Zwischenräume.

Fotos: Untersetzer rund © Susanne Vogt; Untersetzer quadratisch © womue | Fotolia.com

KETTE AUS FILZKUGELN

Material für die Kette

- ✔ Filzmaterial (s. o.)
- ✔ Nähnadel
- ✔ farbiger Faden ca. 30 cm

So geht's

- Filzen Sie mit dem Kind wieder einige Kugeln in der Farbe seiner Wahl (Anleitung siehe S. 44).
- Lassen Sie diese trocknen.
- Jetzt nimmt das Kind vorsichtig die Nähnadel und den farbig passenden Faden und fädelt die Perlen auf.

NADELKISSEN AUS FILZKUGELN

Material für das Nadelkissen

- ✔ Filzmaterial (s. o.)

So geht's

- Grundlage der Arbeit ist eine ganz einfache Kugel, die wie auf Seite 44 beschrieben hergestellt wird.
- Diese wird mit Filz in einer anderen Farbe ummantelt und umfilzt.
- Nun folgen weitere vier bis sechs Farben.
- Wenn die Kugel einen Durchmesser von ca. fünf bis sechs Zentimetern hat, sollte sie gespült werden. Legen Sie die Kugel etwa 30 Minuten in ein Gemisch aus Wasser und Essig und spülen Sie sie danach gut aus.
- Lassen sie die Kugel gut trocknen.
- Nach dem Trocknen können Sie die Kugel mit dem Cutter in zwei Hälften schneiden. Dann kommen konzentrische Kreise zum Vorschein und die Halbkugeln können als Nadelkissen verwendet werden.

Variante: Schwamm-Nadelkissen

Ein quaderförmiges Nadelkissen entsteht, indem man einen Spülschwamm oder mehrere Schwämme zusammen umfilzt. Die Schritte zum Filzen sind dieselben wie bei den vorher genannten Beispielen. Einziger Unterschied ist, dass jetzt nicht der Knoten das Zentrum des Objektes bildet, sondern der Schwamm.

Fotos: Kette © rainbow33, Küchenschwamm © Sergej | beide Fotolia.com

UMFILZTE SEIFEN

Material für die Seifen

- ✔ Filzmaterial (s. o.)
- ✔ Seife

So geht's

- Grundlage des Filzens ist diesmal die Seife. Das Kind ummantelt die Seife mit Filz.
- Nun geht es genau wie bei den einfachen Filzkugeln vor.

Die Seife kann später ganz normal genutzt werden. Denn immer, wenn sie vom Wasser nass und zwischen den Händen gerieben wird, gibt sie Seife ab. Sie wird dann mit der Zeit selbst immer kleiner, aber die gefilzte Hülle bleibt lange schön.

Filz-Ostereier

Weitere Ideen

Aus Filz lassen sich viele weitere Ideen realisieren, wie z. B. Ostereier oder Pralinen, die die Kinder im Freispiel nutzen können.

Filzpralinen

DEKORATIVES AUS KNÖPFEN

LUFTBALLON-KARTE

Material

- ✔ alte Knöpfe mit Löchern
- ✔ schwarzer Filzstift
- ✔ Klebestift
- ✔ Tonpapier oder Faltkarte (in beliebiger Größe)

Das bereiten Sie vor

Besorgen Sie eine Auswahl an verschiedenen Knöpfen. Fragen Sie die Eltern der Kinder, ob sie alte Knöpfe zur Verfügung stellen können. Ansonsten erhalten Sie Knopfsammlungen beispielsweise im Bastelgeschäft.

So geht's

- Die Kinder kleben zuerst die Knöpfe auf.
- Dann zeichnen sie mit dem Filzstift die schwarzen „Fäden" auf das Papier. Auf diese Weise entsteht ein bunter Strauß von Luftballons.

♥ Darum geht's

Knöpfe sind für viele Bastelaktivitäten geeignet und schulen die Feinmotorik. Hier werden zwei Ideen beispielhaft genannt.

Schwierigkeitsgrad

einfach ♥ ♡ ♡

Individualisierte Variante mit Foto

Erweitert werden kann diese Idee folgendermaßen: Sie fotografieren jedes Kind im Vorfeld mit nach oben ausgestrecktem Arm und einer Handhaltung, als greife es das Ende des Luftballonstraußes. Das Kind schneidet sein Bild aus und klebt es unten auf das Papier. Dann beginnt es mit dem Zeichnen der „Fäden" und dem Aufkleben der Knopfballons. Dies ist die personalisierte Alternative zur einfacheren Version.

Fotos: Knopfbild © imaginando, Knöpfe © Nik_Merkulov | beide Fotolia.com

DEKORATIVES AUS KNÖPFEN

BAUM

Material

- ✔ alte Knöpfe mit Löchern
- ✔ Leinwand/Keilrahmen (in beliebiger Größe)
- ✔ kahler Ast
- ✔ Heiß- oder Sekundenkleber

Das bereiten Sie vor

Besorgen Sie allein oder mit den Kindern Äste. Befestigen Sie diese mit Heißkleber oder Sekundenkleber auf dem Papier oder der Leinwand.

So geht's

Für diese Version eignet sich sehr gut eine Leinwand als Unterlage. Keilrahmen erhalten Sie günstig in jedem Bastelladen oder Baumarkt.

- Kleben Sie mit den Kindern den Ast mittig auf den Keilrahmen.
- Die Kinder arrangieren auf dem vorbereiteten Keilrahmen die Knöpfe und kleben diese auf.

Weiterführen können Sie die Arbeit mit den Knöpfen auch durch das Fädeln von Knopfketten. Sie benötigen dafür nur eine Stopfnadel und Baumwollfaden. Die Kinder fädeln die Knöpfe auf und stellen so lustige Ketten her, die sich auch als kleine Geschenke eignen.

PAPPTELLERLAMPE

Material pro Lampe

- ✔ 15–20 Pappteller (in beliebiger Größe)
- ✔ Schere
- ✔ Tacker

So geht's

- Das Kind faltet alle Pappteller in der Mitte.
- Entlang des Knicks schneidet es nun. Es teilt so die Teller in zwei Hälften. Nun hat es 30–40 Halbkreise.
- Jeden Halbkreis faltet es jetzt wieder in der Mitte. Auf diese Weise entsteht die Außenform der späteren Lampe: ein Viertelkreis.
- Das Kind stellt jetzt alle Viertelkreise so vor sich, dass jede Falz in dieselbe Richtung zeigt. Das ist wichtig, denn es hilft dem Kind bei der Orientierung für den nächsten Schritt.
- Das Kind legt jetzt zwei Viertelkreise nebeneinander. Die sich berührenden „Flügel" tackert es zusammen.
- Das Kind klammert die Teile nun immer paarweise zusammen.
- Später tackert es alle Teile zu einer langen „Raupe" zusammen.
- Diese wird durch den Tacker jetzt geschlossen.

♥ Darum geht's

Pappteller werden diesmal nicht zum Essen verwendet, sondern zu einer schnell gemachten und wirkungsvollen Lampe zusammengestellt.

Schwierigkeitsgrad

mittel

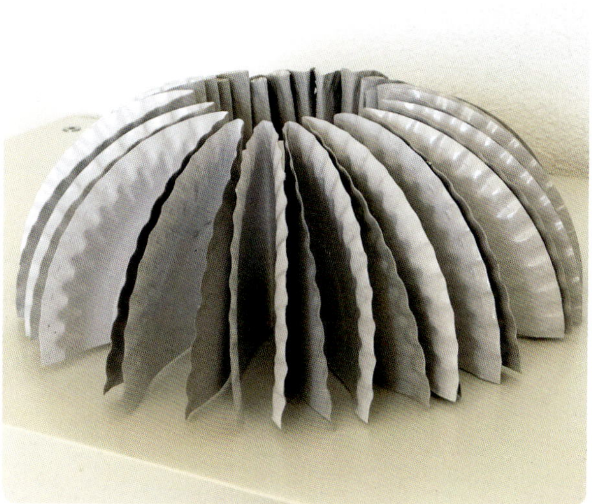

- In die Lampe stellt das Kind dann evtl. einen Pappbecher und in diesen ein LED-Teelicht.

Fotos: Papptellerlampen © Susanne Vogt; Pappteller © womue | Fotolia.com

KUNSTWERKE MIT BUTTERKEKSEN

Darum geht's

Aus Keksen, Dominosteinen und ein paar einfachen süßen Zutaten entsteht ein kleines essbares Geschenk, das garantiert jedem Kind gelingt.

Schwierigkeitsgrad

einfach

Material pro Eisenbahn

- 2 Kekse
- 5 Dominosteine
- 4 Gummibärchen
- 8 Schokolinsen
- 1 längliches Lakritz- oder Gummiteilchen
- Schneidbrettchen (oder andere saubere Unterlage)
- Föhn
- evtl. Konfekttüte zum Verpacken
- evtl. mit Alufolie ummantelter Karton als Unterlage für die Eisenbahn

Das bereiten Sie vor

Falls Sie eine Unterlage für die Eisenbahn benötigen, können Sie etwas Karton in der gewünschten Größe zuschneiden. Ummanteln Sie diesen mit Alufolie.

So geht's

- Das Kind legt die beiden Kekse vor sich auf die Unterlage.
- Mit dem Föhn erwärmt es die Unterseite der Dominosteine. Wenn diese weich ist, setzt es die Dominosteine – wie im Foto gezeigt – aufeinander.
- Es föhnt die Seiten der unteren Steine und befestigt die Schokolinsen daran.
- Auf den Oberseiten befestigt das Kind durch Föhnen und Aufstellen die Gummibärchen und den Schlot der Eisenbahn.
- Es stellt seine Eisenbahn zum Trocknen zur Seite.

Hinweise

- Mit Lebensmitteln zu arbeiten, erfordert sehr genaues Vorgehen. Achten Sie peinlich genau auf die Handhygiene der Kinder und begleiten Sie sie eng beim Herstellen der kleinen Köstlichkeiten.
- Halten Sie zur Sicherheit für die Eisenbahn etwas geschmolzene Schokolade bereit – falls einzelne Teile wider Erwarten nicht gut halten sollten.

Idee zu Weihnachten: Mini-Weihnachtshaus

Aus drei Keksen, einem Dominostein, zwei Gummibärchen und etwas Zuckerguss entsteht ganz einfach ein Mini-Weihnachtshaus. Der Zuckerguss wird als Kleber eingesetzt. Ein Keks dient als Bodenplatte. Darauf wird mit Zuckerguss der Dominostein mittig fixiert. Er dient den beiden Dachhälften (je ein Keks) als Halterung. Die beiden Dachhälften werden ebenfalls mit Zuckerguss angeklebt. Zum Schluss klebt das Kind noch die Gummibärchen mit Zuckerguss fest. Nach Belieben kann es auch bunte Zuckerdragees, Schokolinsen oder ähnliche Verzierungen anbringen. Schön sieht es auch aus, wenn als Schnee einfach Puderzucker über das Häuschen gestreut wird.

Tipp

Verpacken Sie das kleine Kunstwerk in einer kleinen Konfekttüte und verzieren Sie diese mit ein wenig Dekoband.

Idee: Kindergebäck

Aus Keksen, Zuckerguss und reichlich Verzierung entstehen bunte Kekse, die den Kindern selbst sehr viel Freude bereiten.

Mit etwas farbigem Marzipan, Kakaopulver und Butterkeksen entstehen mehrstöckige Mini-Torten. Sie brauchen dazu einfach ein Nudelholz und ein Kindermesser. Das Marzipan wird ausgerollt in die passende Form gebracht und abwechselnd mit den Keksen geschichtet.

KERZENSTÄNDER AUS BETON

♥ Darum geht's

Aus speziellem Bastelbeton entstehen kleine Objekte, die sich sehen lassen können.

Schwierigkeitsgrad

einfach

Material pro Kerzenständer

- ✔ Bastelbeton (je nach Vorhaben und Größe der Figur)
- ✔ alte Schüssel zum Anmischen des Betons
- ✔ etwas Wasser (nach Angabe auf der Packung)
- ✔ 1 alter Löffel
- ✔ 1 alte Silikon-Backform (Hier wurden Mini-Gugelhupf-Förmchen verwendet.)
- ✔ Pinsel und (weiße) Farbe
- ✔ 1 Perlmuttscheibe (oder alternativ: Holzscheibe)
- ✔ Heißkleber
- ✔ etwas dünner silberner Basteldraht
- ✔ evtl. Perlen mit Loch
- ✔ kleine Äste
- ✔ 1 Kerze
- ✔ etwas Knete

Fotos: Beton-Gugelhupf © photo 5000, Kuchenformen © OFC Pictures | beide Fotolia.com

Das bereiten Sie vor

- Besorgen Sie den Bastelbeton. Dieser ist in gut sortierten Baumärkten oder Bastelläden erhältlich.
- Perlmuttscheiben erhalten Sie ebenfalls im Bastelladen oder beim Floristen Ihrer Wahl.
- Mischen Sie den Bastelbeton entsprechend der Packungsbeschreibung an. Achten Sie auf die Aushärtezeit! Entscheiden Sie, ob Sie den Beton allein oder mit den Kindern anmischen.

So geht's

- Die Kinder füllen den Beton in die Silikonform. Achten Sie darauf, dass die Form randvoll gefüllt ist.
- Der Beton härtet jetzt aus.
- Nach dem Aushärten drücken die Kinder die Mini-Gugelhupfe aus der Silikonform.
- Nun bemalen die Kinder den Mini-Kuchen mit weißer Farbe.

- Kleben Sie jetzt den Gugelhupf auf die Perlmuttscheibe. Benutzen Sie dazu den Heißkleber.
- Die Kinder wickeln nun die kleinen Äste um den Gugelhupf. Sie befestigen sie mit dem dünnen Draht.
- Nun fädeln sie die Perlen auf den Draht und wickeln diesen ebenfalls um den Gugelhupf.
- In das Loch im Gugelhupf drücken sie jetzt eine kleine Kugel aus Knete. Diese dient der Befestigung der Kerze.
- Sie drücken die Kerze in die Knete.

Weitere Idee für den Garten

Soll der Beton-Gugelhupf nicht als Kerzenständer verwendet werden, wäre diese Idee vielleicht auch interessant für Sie:
Mit einer alten Schüssel, etwas Erde, Hauswurz und kleinen Steinchen entsteht ein kleines Deko-Objekt für draußen.

Aus dem Bastelbeton lassen sich ganz viele verschiedene Dinge herstellen: Leuchtschalen, Deko-Tiere und vieles mehr.

Fotos: Gugelhupf weiß, Gugelhupf Detail © beide Susanne Vogt; Gartendeko © photo 5000 | Fotolia.com

WACHSLEUCHTE

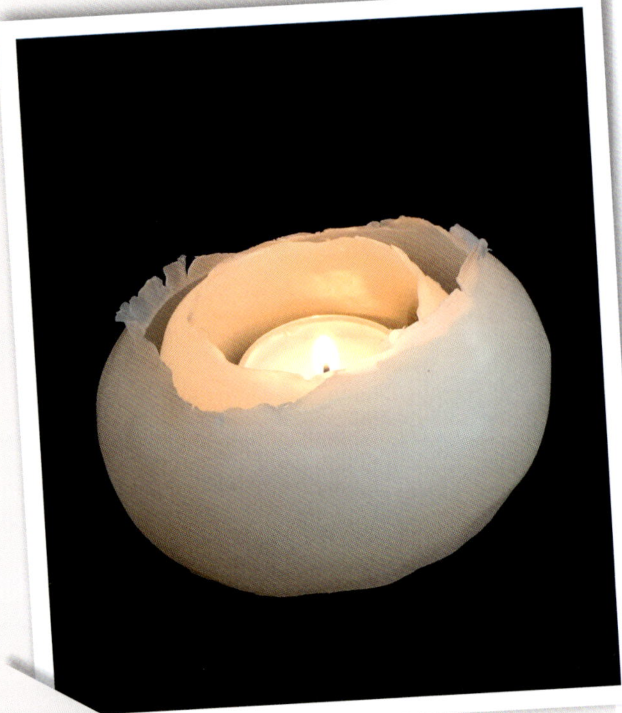

Material pro Leuchte

- 1 Luftballon (ohne Aufdruck)
- 1 Ballonpumpe
- ca. 5 alte Teelichter oder 3 alte Kerzen
- 1 Gipsbecher
- 1 Topf
- etwas Wasser
- 1 Bogen Backpapier
- 1 Stecknadel

Darum geht's

Aus Kerzenresten entstehen stimmungsvolle Leuchten.

Schwierigkeitsgrad

schwer

Hinweis

➜ Bei der Arbeit mit Wachs sollten Sie die Kinder nie allein lassen. Planen Sie ausreichend Zeit ein, damit Sie jedes Kind individuell begleiten können, oder bitten Sie weitere Personen um Hilfe.

Das bereiten Sie vor

- Erhitzen Sie Wasser in einem Topf.
- Entfernen Sie den Docht aus den Teelichtern oder Kerzen.
- Legen Sie die Wachsteile in den Gipsbecher und stellen Sie diesen in das inzwischen erhitzte Wasser. Schmelzen Sie im Wasserbad das Wachs.

So geht's

- Das Kind bläst den Luftballon mithilfe einer Ballonpumpe in der gewünschten Größe auf. Achten Sie darauf, dass der Ballon noch in den Gipsbecher passt.
- Das Kind taucht jetzt den Ballon vorsichtig in das geschmolzene Wachs. Es achtet darauf, dass es den Ballon nur ganz kurz in das Wachs eintaucht. Auf diese Weise verhindert es ein Platzen des Ballons.
- Es lässt die Wachsschicht trocknen.

- Dieser Vorgang wird wiederholt, bis am Ballon mehrere Wachsschichten zu sehen sind.
- Wenn die Schicht dick genug ist, legt das Kind den Ballon zum vollständigen Erkalten des Wachses auf das Backpapier.

- Ist das Wachs komplett kalt und hart, zersticht das Kind vorsichtig den Ballon und entfernt ihn ebenfalls vorsichtig aus dem Inneren der Wachsschicht.
- Sie können jetzt die Leuchte mit einem Messer unten abschneiden, damit diese gut steht.
- Stellen Sie ein LED-Teelicht hinein und verdunkeln Sie den Raum.

Idee

Wenn Sie auf diese Weise mehrere Schichten solcher Leuchten in verschiedenen Größen machen, ist die Wirkung der Leuchte noch größer.

Fotos: © Susanne Vogt

TONTOPF-ENGEL

Material pro Tontopf-Engel

- ✔ 1 Tontopf (hier 7 cm Durchmesser)
- ✔ 1 Holzkugel (hier 3 cm Durchmesser)
- ✔ 4 Holzkugeln mit Loch (hier 1 cm Durchmesser)
- ✔ schwarzer Filzstift
- ✔ Wollfaden
- ✔ Schere
- ✔ Heißkleber
- ✔ Acrylfarbe und Pinsel oder Goldspray
- ✔ evtl. Tonpapier für Flügel
- ✔ evtl. Golddraht und Perlen mit Loch

♥ Darum geht's

Hier werden wieder zwei Varianten gezeigt, wie Sie ganz einfach einen kleinen Schutzengel mit den Kindern machen können. Einer ist aus einem Tontopf, der andere aus einem Kochlöffel.

Schwierigkeitsgrad

mittel ♥♥♡

So geht's

- Das Kind bemalt oder Sie besprühen zuerst den Tontopf. Das Besprühen sollten Sie am besten ohne Kinder und draußen tun. Zum Trocknen kann der Tontopf auf eine Zeitung gestellt werden.
- Das Kind malt ein fröhliches Gesicht auf die größte Holzperle.
- Mit Heißkleber kleben Sie Haare an den Kopf. Haare aus Wollfäden lassen sich einfach abmessen, wenn das Kind den Wollfaden etwa 10-mal um vier seiner Finger wickelt und die entstandene Schlaufe dann in der Mitte zusammenbindet.

- Für die Arme nimmt das Kind ein Stück Faden und knotet an beiden Enden eine Holzperle fest.
- Genauso geht es für die Füße vor.
- Am inzwischen getrockneten Tontopf befestigen Sie zuerst Arme und Beine, dann den Kopf mit Heißkleber.
- Der Engel kann jetzt noch ausgestaltet werden, indem er z. B. Flügel aus Tonkarton erhält.
- Der Engel auf dem Foto hat keine Beine. Dafür wurden ihm aus Golddraht und ein paar Perlen mit Loch ein Kopfschmuck und eine Kette gefädelt.

KOCHLÖFFEL-ENGEL

Material pro Kochlöffel-Engel

- ✔ 1 Kochlöffel
- ✔ Tonpapier in beliebiger Farbe
- ✔ evtl. schwarzer Filzstift
- ✔ Aludraht (hier etwa 25 cm)
- ✔ 2 Holzperlen mit Loch (hier 1 cm Durchmesser)
- ✔ Wollfaden
- ✔ Heißkleber
- ✔ Klebestift
- ✔ Deko (hier eignet sich Streugut aus Holz)

So geht's

- Das Kind malt mit dem schwarzen Filzstift ein Gesicht auf den Kochlöffel.
- Es entscheidet sich für eine Frisur und fertigt diese aus Wolle an. Sie kleben sie mit Heißkleber an.
- Aus dem Aludraht formt es Arme. Es wickelt den Draht etwa mittig um den Kochlöffel und befestigt so die Arme des Engels direkt unterhalb von dessen Hals.
- Es fädelt die beiden Perlen als Hände auf den Aludraht und Sie kleben diese fest.
- Das Kleid des Engels schneidet das Kind jetzt aus. Es nimmt dazu das Tonpapier doppelt und schneidet zwei identische Teile aus.
- Den Vorder- und den Hinterteil des Gewandes klebt es an den Seiten mit dem Klebestift zusammen.
- Sie befestigen das Gewand mit Heißkleber am Kochlöffel-Stab.
- Das Kind schneidet Flügel für den Engel aus und befestigt diese mit dem Klebestift hinten am Gewand.
- Der Engel kann nun nach Herzenslust verziert werden.
- Er wird als Zierde in Blumentöpfe gesteckt.

Idee

Schön ist es, wenn Sie diese Engel in Motto-Engel verwandeln: Engel der Freundschaft, Engel der Kreativität, Engel der Liebe etc.
Hier einige Ideen für die Gestaltung der Engel:

- Engel der Freundschaft: trägt ein halbes Herz aus Tonkarton in den Händen
- Engel der Liebe: hält ein Herz aus Metall oder Karton
- Engel der Kreativität: hält einen Pinsel oder Stift in der Hand
- Engel des Glücks: ist dekoriert mit Glücksklee (aus Tonkarton oder Holz) oder Marienkäfern
- Engel des Mutes: hat eine Kette aus Wolle in der Hand, auf die gelochte Würfel mit den Buchstaben M-U-T gefädelt sind

Foto: © Susanne Vogt

FEUERANZÜNDER-SCHWEINCHEN

♥ Darum geht's

In wenigen Handgriffen verwandelt sich ein einfacher Feueranzünder in einen kleinen Glücksbringer. Die ideale Geschenkidee für Ihren nächsten Bazar.

Schwierigkeitsgrad

einfach ♥ ♡ ♡

Material pro Schweinchen

- ✔ 1 fertiger Feueranzünder
- ✔ 5 Holzscheiben, Durchmesser ca. 1,5 cm
- ✔ 2 Wackelaugen
- ✔ rosafarbener Filz, ca. 4 x 4 cm
- ✔ Bleistift
- ✔ Schere
- ✔ schwarzer Filzstift
- ✔ Heiß- oder Sekundenkleber

Das bereiten Sie vor

- Besorgen Sie die Feueranzünder. Es gibt sie in den meisten Baumärkten.
- Schneiden Sie den Filz in der angegebenen Größe zurecht und zeichnen Sie ggf. die Ohren darauf vor.

So geht's

- Die Kinder knicken den Filz in der Mitte und zeichnen die Umrisse eines Ohres mit dem Bleistift auf. Sie achten dabei darauf, dass sie möglichst die ganze Fläche des halbierten Filzes ausnutzen, weil sonst die Ohren zu klein werden.
- Danach holen sich alle Kinder 5 Holzscheiben und den Feueranzünder. Sie legen die benötigten Materialien zurecht.

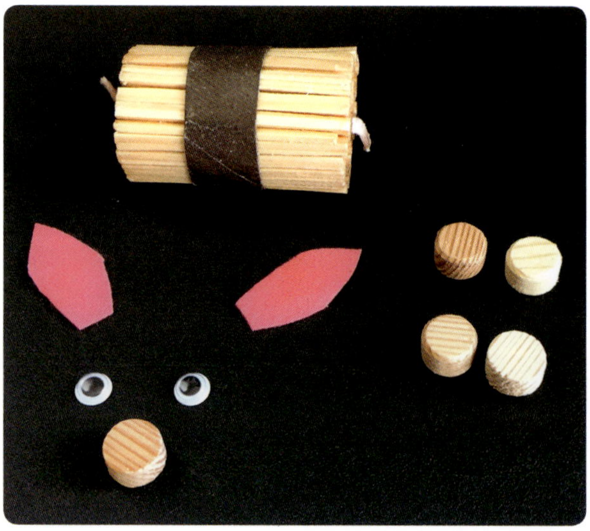

Fotos: © Susanne Vogt; Ferkel © olhastock | Fotolia.com

- Mit dem schwarzen Filzstift malen sie die Nasenlöcher des Schweinchens auf eine Holzscheibe. Auf diese Weise entsteht der Rüssel.
- Die Kinder stellen jetzt die einzelnen Teile des Schweinchens – Körper, Füße und Ohren – aufeinander. Das schult ihr Vorstellungsvermögen. Denn hier müssen sie genau darauf achten, wo der Schwanz des Schweinchens (Docht des Anzünders) sein muss. Er zeigt ja nach hinten.

- Kontrollieren Sie die Anordnung der Teile mit den Kindern und kleben Sie das Schweinchen zusammen. Übernehmen Sie selbst die Benutzung des Klebers.

Variante für kleinere Kinder

Manchen Kindern gelingt es nicht, die Ohren auf den Filz aufzuzeichnen. Übernehmen Sie das für diese Kinder. Zeichnen Sie auf das Filzstück zwei Ohren vor. Alternativ dazu können Sie auch eine Schablone aus Karton herstellen, die die Kinder dann selbst benutzen können.

Variante mit selbstgemachtem Feueranzünder

Vielleicht möchten Sie statt des gekauften lieber einen selbstgemachten Feueranzünder verwenden? Dieser wird folgendermaßen hergestellt:

- Lassen Sie die Kinder eine leere Toilettenpapierrolle und ggf. die anderen Einzelteile für das Schwein rosa anmalen und alles gut trocknen.
- Nach dem Trocknen stellen die Kinder die angemalte Toilettenpapierrolle auf einen unempfindlichen Untergrund, z. B. ein Backblech.
- Sie befüllen diese mit trockenen Tannenzapfen und Holzwolle.
- Einen Docht stellen die Kinder mittig hinein. Achten Sie darauf, dass der Docht etwa 2–3 cm aus der Toilettenpapierrolle herausragt. Er wird später das Schwänzchen des Schweines und damit auch der Anzünder.
- Schmelzen Sie in einer ruhigen Minute alte Wachskerzen und gießen Sie das geschmolzene Wachs einfach in die befüllte Toilettenpapierrolle.

- Wenn das Wachs fest geworden ist, kann die selbstgemachte Rolle genauso verwendet werden wie der gekaufte Feueranzünder. Dann können Sie die anderen Bastelschritte zum Feueranzünderschwein wie oben beschrieben durchführen.

Fotos: © Susanne Vogt

BECHERKUGELN

Darum geht's

Wenn nach der nächsten Feier wieder Unmengen an Plastikbechern übrig sind, können im Zuge des Umweltschutzes Kugeln daraus als Gemeinschaftsprojekt entstehen.

Schwierigkeitsgrad

schwer

Material pro Kugel

- ✔ ausgediente, gereinigte Plastikbecher gleicher Größe (je nach Größe ca. 100 oder mehr)
- ✔ Heißkleber
- ✔ Bastelkleber
- ✔ Glimmer und Pailletten
- ✔ Transparentpapier
- ✔ evtl. Acrylfarbe
- ✔ evtl. Lichterkette
- ✔ evtl. Dekostern

Hinweis

→ Aus Sicherheitsgründen sollten Sie jeweils nur mit einem Kind arbeiten und die anderen anderweitig beschäftigen. Die Kugel entsteht dann, indem Sie den Kleber auftragen und die Becher aneinanderhalten, bis sie haften, die Kinder reichen Ihnen die Becher. Später ist es die Aufgabe der Kinder, das Objekt zu verzieren.

So geht's

- Das Kind reicht Ihnen Becher um Becher.
- Sie kleben die Becher so aneinander, dass diese sich jeweils an den Seitenflächen berühren und ihre Böden auf gleicher Höhe sind. Auf diese Weise entsteht eine Wölbung und schon bald ist eine Kugel sichtbar.

- Ist die Kugel oder Halbkugel fertig, können die Kinder diese mit Pailletten, Glimmer, Transparentpapier und Dingen ihrer Wahl verzieren. Sie verwenden dafür den Bastelkleber.
- Mit einer Lichterkette wird die Kugel nun beleuchtet.

Idee

Aus alten Bechern können Sie auf dieselbe Weise auch Mini-Weihnachtsbäume herstellen. Schmücken Sie diese mit Pailletten, Glimmer und einer Lichterkette. Schon kann das Fest kommen.

SCHNELLE ADVENTS- UND WEIHNACHTSGESCHENKE

ADVENTSKRANZ

Material pro Kind

- ✔ 4 Teelichter
- ✔ farbiges Papier oder gemustertes Geschenkpapier
- ✔ Bleistift, Schere und Klebestift
- ✔ Dekotape
- ✔ evtl. kleine Aufkleber
- ✔ 1 Streichholzschachtel
- ✔ etwas Naturbast
- ✔ evtl. transparente Geschenktüte
- ✔ evtl. Dekoband

So geht's

- Die Kinder umkleben jedes der vier Teelichter am Rand mit Dekotape.
- Eines der Teelichter benutzen sie als Vorlage für den Untersetzer. Sie zeichnen dazu die Umrisse mit Bleistift ab und malen einen dekorativen Rand dazu.
- Dies schneiden sie aus.
- Sie wiederholen den Vorgang noch 3-mal. Auf diese Weise entstehen die Untersetzer für die Teelichter.
- Nun schneiden sie vier kleine Kreise mit jeweils 4–5 cm Durchmesser oder Vierecke aus, die sie mit den Zahlen eins bis vier beschriften oder bestempeln.
- Diese kleben sie jetzt auf die Ränder der Teelichter.
- Mit der Streichholzschachtel messen sie ab, welche Form die Verzierung der Schachtel haben muss. Die Kinder achten darauf, dass die raue Anzündseite nicht überklebt wird.
- Die Kinder schneiden nun auch die Verzierung der Streichholzschachtel aus und kleben sie auf.
- Den letzten Part – das Arrangieren des Geschenkes – sollten Sie übernehmen. Binden Sie die Teelichter zusammen, stapeln Sie die Untersetzer und stellen Sie alles in die transparente Geschenktüte.
- Das Kind kann sein Geschenk nun mit Bändern verzieren.

♥ Darum geht's

Aus Teelichtern und etwas Tonpapier entsteht das ideale Geschenk für die Advents- oder Weihnachtszeit: ein Mini-Adventskranz oder ein 15-Minuten-Weihnachtsgeschenk. Es handelt sich hier um ein Geschenk für Erwachsene, weshalb auch echte Teelichter verwendet werden.

Schwierigkeitsgrad

einfach ♥ ♡ ♡

Fotos: oben © Susanne Vogt; unten © Stockwerk-Fotodesign | Fotolia.com

ADVENTSKRANZ MIT UNTERBAU

Material pro Kranz

- ✔ 4 Teelichter
- ✔ farbiges Tonpapier
- ✔ 1 Teller
- ✔ Bleistift
- ✔ Schere
- ✔ Stanzen
- ✔ Klebestift
- ✔ Dekotape

So geht's

- Mithilfe des Tellers zeichnet das Kind einen Kreis auf das Tonpapier und schneidet diesen aus.
- Es faltet die beiden Seiten des Kreises nach innen. Der Kreis ist dann in etwa gedrittelt.

- Es löst die Faltung auf, dreht den Kreis um 90 Grad und wiederholt den Vorgang. Nun ist nach dem Auffalten ein Kreuz zu sehen.

- Mit der Schere schneidet es vom Rand aus jeweils bis zum Mittelviereck. Es hält sich dabei genau an die Faltknicke. Ein „Kreuz" entsteht.

Fotos: © Susanne Vogt

- Mit den Stanzen erzeugt es jetzt einige Deko-Elemente, die es auf die Kreuzform klebt.
- Es umklebt die Teelichter mit dem Dekotape, schneidet Untersetzer für die Teelichter in passender Größe und Form aus und stellt sie auch auf das Kreuz.

- Der Unterbau kann nun verpackt werden, indem die Seitenteile nach innen geklappt werden und ein Dekoband zu einer Schleife geschnürt wird.

- Die Kerzen können ebenfalls mit einem Dekoband zusammengeschnürt werden.

WEIHNACHTSGESCHENK „15 MINUTEN WEIHNACHTEN"

Diese Mini-Geschenkbox wird genauso hergestellt wie der Adventskranz mit Tonpapier-Unterbau (siehe S. 62).

Material pro Box

- ✔ 1 Teelicht
- ✔ farbiges Tonpapier
- ✔ 1 Teller
- ✔ Bleistift
- ✔ Schere
- ✔ Stanzen oder kleine Aufkleber
- ✔ Klebestift
- ✔ transparente Klebestreifen
- ✔ 1–2 Schokoriegel
- ✔ 1–2 Teebeutel
- ✔ evtl. Glimmer-Deko-Pen
- ✔ evtl. Gold- oder Silberstift

Das bereiten Sie vor

Drucken Sie eine Weihnachtsgeschichte, die Ihnen und den Kindern gut gefällt, aus.

So geht's

- Das Kind bastelt den Unterbau wie auf Seite 62 (Kranz mit Unterbau) beschrieben.
- Es stellt den Deckel her. Dafür zeichnen Sie ihm die Vorlage in passender Größe auf bunter Pappe vor.

- Das Kind verziert den Unterbau mit kleinen Aufklebern und evtl. mit einem Glimmer-Deko-Pen.
- Nach der Trockenphase klebt das Kind (oder Sie) die Mini-Geschenke fest. Wenn das Kind möchte, kann es einfache Laschen zum Einhängen der Dinge ausschneiden, die sich unkompliziert mit Klebeband befestigen lassen. Das Kind faltet auch das Blatt mit der Geschichte und befestigt es am Unterbau.

- Das Schreiben des Textes sollten Sie übernehmen (s. Foto auf S. 63).
- Nun wird die Schachtel zusammengefaltet und mit einem schönen Geschenkband verschnürt.

WEIHNACHTSKUGELN MARMORIEREN

♥ Darum geht's

Hier werden zwei verschiedene Techniken vorgestellt, mit denen Sie problemlos Weihnachtskugeln marmorieren können. Diese Techniken eignen sich auch zum Verzieren anderer Dinge.

Schwierigkeitsgrad

mittel ♥♥♡

MARMORIEREN MIT MARMORIERFARBEN ODER NAGELLACK

Material

- ✔ verschiedene Farben von Marmorierfarbe oder Nagellack
- ✔ alter tiefer Behälter (z. B. Müslischale)
- ✔ etwas Wasser
- ✔ Schaschlikspieß
- ✔ Styropor®-Kugeln
- ✔ Zahnstocher
- ✔ evtl. Einmalhandschuhe

So geht's

- Das Kind zieht einen Malkittel an und gibt etwas Wasser (Zimmertemperatur) in den tiefen Behälter.
- Es arbeitet mit zwei bis fünf Farben und tropft einige Tropfen von jeder Farbe auf das Wasser.
- Mit dem Zahnstocher fährt es durch den Nagellack und erzeugt so den Marmorier-Effekt.
- Es spießt nun die Styropor®-Kugel auf den Schaschlikspieß auf. Dieser dient als Halterung.
- Das Kind taucht jetzt die Styropor®-Kugel in die Farbe. Es achtet darauf, dass die gesamte Kugel im Wasser ist. Wenn das Kind möchte, kann es zusätzlich zum Tauchen noch die Kugel leicht drehen.
- Das Kind nimmt die Kugel vorsichtig aus dem Wasser, spült sie unter laufendem Wasser ab und stellt sie zum Trocknen auf.

WEIHNACHTSKUGELN MARMORIEREN

MARMORIEREN MIT ACRYLFARBE

Auch mit Acrylfarbe lassen sich ganz einfach Weihnachtskugeln marmorieren.

Schwierigkeitsgrad

einfach

Material

- ✔ verschiedene Acrylfarben
- ✔ tiefere Behälter, wie alte Schüsseln etc.
- ✔ Schaschlikspieße
- ✔ Styropor®-Kugeln
- ✔ einige hohe Behälter (z. B. Gläser) zum Trocknen

So geht's

- Gießen Sie einfach zwei oder drei verschiedene Farben in einen möglichst tiefen Behälter. Das Kind rührt die Farben ein wenig mit einem Schaschlikspieß. Es achtet jedoch darauf, dass diese sich nicht gänzlich vermischen, sondern nur „ineinandergreifen".

- Das Kind spießt die Kugel mit dem Stab auf. Der Stab sollte fest sitzen. Er dient als Halterung.
- Jetzt drückt es am besten die Kugel direkt in die Farbe und dreht die Kugel leicht dabei. Ein Marmormuster entsteht.
- Das Kind zieht die Kugel wieder heraus, wenn diese ganz mit Farbe bedeckt ist.
- Es stellt die Kugel mit dem Stab zum Trocknen in ein hohes Gefäß.

RAUMDEKO

Fotos: © Susanne Vogt; Hintergrund Pappe © srckomkrit | Fotolia.com

WEBBLUMEN AUS PAPPTELLERN

♥ Darum geht's

Bei diesem kleinen Projekt weben die Kinder im Kreis. Sie gestalten gewebte Blumen oder dekorieren alternativ dazu Deckel von Magnetdosen. Anders als bei den meisten bekannten Webvorgängen wird hier nicht im Rechteck, sondern im Kreis gewebt.

Schwierigkeitsgrad

schwer

Material pro Webblume

- ✔ 1 Pappteller
- ✔ Bleistift
- ✔ Wollreste farbig
- ✔ Schere
- ✔ evtl. Klebestreifen
- ✔ Wasserfarbe
- ✔ Pinsel

Das bereiten Sie vor

Besorgen Sie für jedes Kind einen Pappteller. Der Durchmesser spielt keine Rolle.

So geht's

- Das Kind legt den Pappteller mit der Unterseite nach oben vor sich.
- Es zeichnet Blütenblätter mit dem Bleistift auf den evtl. geriffelten Tellerrand. Es achtet darauf, dass die Anzahl der Blütenblätter ungerade ist.

- Es schneidet entlang der Bleistiftlinie aus.

- Den nächsten Schritt übernehmen besser Sie. Spannen Sie einen Wollfaden zwischen die Blütenblätter ein, sodass sie sich in der Mitte treffen. Achten Sie darauf, dass die Wolle straff sitzt und die Fäden in der Mitte des Papptellers einen Mittelpunkt ergeben. Knoten Sie dazu den Mittelpunkt ggf. zusammen. Benutzen Sie dafür einen Wollfaden und fixieren Sie damit die gespannten Wollfäden, damit diese nicht mehr verrutschen.

- Die Kinder weben nun die verschiedenen Wollfäden in die Blume ein. An Übergängen können Sie den Faden evtl. mit Klebestreifen fixieren oder verknoten.

- Ist die komplette Blume ausgewebt, bemalt das Kind die Blütenblätter mit Wasserfarbe. Diesen Schritt können Sie alternativ auch zu Beginn machen.

Variation: Deckel beweben

Bewebt werden können beispielsweise Deckel von Dreieckskäse-Packungen als kleine Schatzkisten. Auch geeignet sind Magnetdosen, die Sie in gut sortierten Haushaltswarenläden erhalten oder in einem schwedischen Möbelhaus.

Der Webvorgang ist identisch wie bei der Papptellerblume. Lediglich das Spannen des „Rahmens" ist anders und wichtig zu beachten.

Stechen Sie Löcher in den runden Deckel. Bei Metalldosen können Sie diese mit einer Ahle machen, sofern das Metall nicht zu dick ist. In diese Löcher hinein wird mit der Nadel die Wolle eingefädelt, sodass folgendes Muster entsteht:

innen

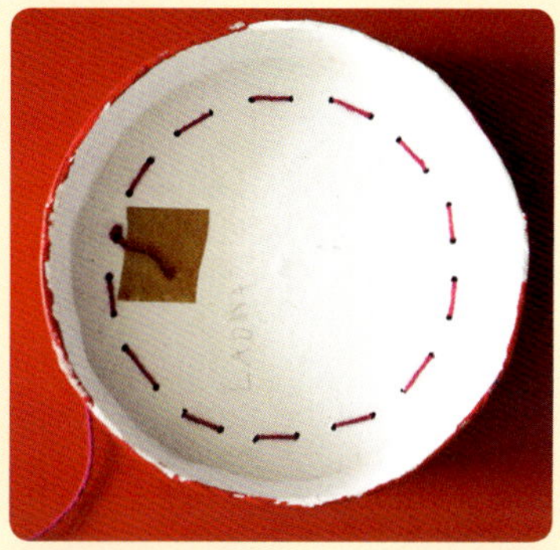

außen

Besonders wirkungsvoll ist es, wenn man verschiedene Wollarten aus derselben Farbfamilie verwendet.

HÄNGER MIT TELLERN UND PET-DECKELN

♥ Darum geht's

Aus PET-Flaschen-Deckeln, Plastiktrinkhalmen und Einwegtellern entstehen runde Deko-Objekte für den Gruppenraum.

Schwierigkeitsgrad

mittel

Material pro Hänger

- ✔ ca. 10 Deckel von PET-Flaschen
- ✔ 2 Plastiktrinkhalme
- ✔ 1 Schere
- ✔ evtl. 1 Ahle
- ✔ evtl. 1 dicke Korkunterlage
- ✔ ca. 1 m Nylonschnur
- ✔ 2 Plastikteller
- ✔ etwas farbiges Tonpapier
- ✔ schnell härtender Kleber

Hinweis

➔ Es wäre sicher schön, wenn Sie den Kindern über den Künstler Kandinsky erzählen würden (siehe S. 72). Denn an ihn und sein Werk „Konzentrische Kreise" erinnert die Deko.

Tipp

Plastikteller können Sie am besten mit der Ahle durchbohren, wenn Sie die Spitze der Ahle etwas über der Flamme eines Teelichtes erhitzen. Dann geht es leichter und schneller.

Das bereiten Sie vor

- Geben Sie den Kindern und ihren Eltern schon einige Zeit im Voraus den Auftrag, PET-Deckel in allen Farben und Durchmessern zu sammeln.
- Es lohnt sich, die PET-Deckel schon im Vorfeld mit der Ahle mittig zu lochen. Das mindert das Verletzungsrisiko bei den Kindern. Kindern mit mehr Geschick können Sie das selbst überlassen. Behalten Sie sie jedoch gut im Auge.

So geht's

- Das Kind erhält zwei Plastikteller, eine Schere, farbiges Tonpapier und etwas Kleber.
- Ohne Zirkel und nur mit Augenmaß schneidet es farbige Kreise aus dem Tonpapier aus. Diese sollten jeweils unterschiedliche Durchmesser haben.
- Diese Kreise klebt das Kind nun aufeinander und befestigt die entstandene „Zielscheibe" auf der gewölbten Seite des Plastiktellers.
- Für den anderen Teller wiederholt es diesen Vorgang.
- Die beiden Teller klebt das Kind nun Rand an Rand und lässt alles trocknen.
- In der Zwischenzeit fertigt es die Aufhängeschnur. Geben Sie den Kindern die Nylonschnur, die Trinkhalme und die (vorgelochten) PET-Deckel.

- Kinder ohne vorgelochte PET-Deckel bohren jetzt in die Oberseite jedes PET-Deckels ein Loch mit der Ahle.
- Dann zerschneidet jedes Kind die Trinkhalme in kleinere Teile.
- Knoten Sie zu Beginn dieses Teils für jedes Kind ein Stück Trinkhalm am Ende der Nylonschnur fest. Dies soll verhindern, dass die aufgefädelten Teile wieder herunterfallen.
- Nun fädelt das Kind abwechselnd einen gelochten Deckel und ein Stück Trinkhalm auf die Schnur. Es tut dies, bis alle Teile verbraucht sind oder bis es am Ende der Schnur angekommen ist.
- Den letzten Teil sollten Sie selbst übernehmen. Befestigen Sie jetzt den PET-Halm-Aufhänger am Teller. Benutzen Sie dazu eine Ahle.

Fotos: © Susanne Vogt

HÄNGER MIT TELLERN UND PET-DECKELN

Für alle Interessierten: Kurzinformation zu Wassily Kandinsky

__Wassily Kandinsky__ wurde 1866 in Moskau geboren und wuchs in einem anregungsreichen Elternhaus auf. Er selbst ging immer davon aus, dass er Farben und Formen so intensiv erleben konnte, weil er viel mit seinen Eltern reiste. Die Eltern ließen sich scheiden und Kandinsky lebte fortan bei seiner Tante. Er nahm das Studium der Rechtswissenschaften auf und schloss es mit Bravour ab. In dieser Studienzeit entstanden viele Bilder, die russische Motive zeigen. Noch arbeitete Kandinsky sehr realitätsnah.

Mit 30 Jahren beschloss er, nach München zu gehen. Er studierte dort Kunst und erlebte eine weltoffene Stadt, die ihn inspirierte. Der junge Kandinsky gründete zusammen mit anderen Künstlern eine unabhängige Künstlergruppe. Unter anderem zählten zu seinen Kollegen Paul Klee, Gabriele Münter, Franz Marc und Alexej Jawlensky. Kandinskys Stil wurde zusehends expressionistischer – das heißt, dass er immer weniger realistisch und dafür immer experimentierfreudiger wurde, seine Bilder immer abstrakter und leuchtender.

Zur Zeit Kandinskys galt es eigentlich als Kunst, Dinge möglichst realistisch darzustellen. Sein Ansatz war revolutionär: er war der erste Künstler, der weg vom Realismus und hin zum Expressionismus kam. Bei ihm entstanden fortan viele Bilder, die nur mit Formen und Farben auskommen. Was der Künstler oft „Improvisation" oder „Komposition" nannte, würde man wohl eher im Bereich Musik ansiedeln. Oder man hält das Bild für die Arbeit eines Laien, der ohne lange Vorüberlegungen und spontan seine Gedanken und Gefühle in Bildern ausdrückt.

Idee

Hänger lassen sich auch mit Kronkorken herstellen.

Ebenso können Sie aus einem stabilen, nicht biegbaren Draht und Deckeln von PET-Flaschen oder Einmachgläsern kleine Kerzenständer fädeln. Am besten eignet sich als Grundstock des Kerzenständers ein betonierter Sockel.

PET-DECKEL-BILD

Darum geht's

Viele farbige Deckel von PET-Flaschen verwandeln sich in Kunstwerke, die in beliebiger Größe hergestellt werden können und mit Leuchtkraft jeden Betrachter verzaubern. Dieses Projekt eignet sich hervorragend für die Gestaltung von Foyers, Fassaden und Gruppenräumen, aber auch als Geschenk. Es handelt sich hier – je nach Komplexität und Größe des Bildes – evtl. um ein etwas zeitintensiveres Projekt.

Schwierigkeitsgrad

schwer

Material pro Bild

- ✔ Bleistift
- ✔ viele farbige PET-Deckel
- ✔ Holzbrett in der gewünschten Größe
- ✔ starker Bastelkleber, der für Holz und Kunststoff geeignet ist

Das bereiten Sie vor

Halten Sie die Kinder an, nicht mehr benötigte Deckel von PET-Flaschen mitzubringen. Damit leisten Sie auch einen wertvollen Beitrag im Bereich Recycling.

Fotos: Bild oben © Susanne Vogt; PET-Deckel © svort | Fotolia.com

PET-DECKEL-BILD

So geht's

- Die Kinder zeichnen mit dem Bleistift ganz grob die Umrisse ihres Motivs direkt auf die Holzplatte.
- Sie überlegen sich, welche Farbfelder sie erzeugen möchten. Nun legen sie die PET-Deckel direkt auf die Holzplatte. Wichtig ist, dass die geöffnete Seite des Deckels nach oben schaut, also die Fläche auf dem Brett aufliegt. Auch zu beachten ist, dass die Abstände zwischen den Deckeln sehr klein sind.
- Besonders wirkungsvoll sieht das Kunstwerk aus, wenn die Kinder verschiedene Größen von Deckeln und die Farbnuancen abwechseln. Dadurch erhält das Motiv mehr Tiefe und eine plastischere Wirkung.
- Die Kinder kleben jetzt die Deckel auf das Holzbrett.

Tipps

- Bei diesem Projekt sollten Sie sicherstellen, dass immer eine erwachsene Person bei den Kindern ist.
- Holzplatten erhalten Sie kostengünstig in jedem Baumarkt. Oft sind in der Restekiste Platten zum Minipreis zu finden, die sonst aussortiert würden. Die Holzplatten können beschichtet sein, müssen sie aber nicht.
- Besonders geeignet für PET-Deckel-Bilder sind Motive wie Landschaften oder abstrakte Bilder, die Sie oder die Kinder einfach freihändig vorzeichnen können.
- Wenn Sie bestimmte Motive suchen, können Sie den Suchbegriff „verpixelt" im Internet eingeben.

Fotos: Pixelbäume © zmiter | alle Fotolia.com

SCHÖNE BLÜTEN

SERVIETTENBLÜTE

Material pro Serviettenblüte

- ✔ 1 Serviette
- ✔ Schere
- ✔ Schnur oder Wolle

So geht's

- Das Kind legt die Serviette vor sich. Es faltet diese einmal auf, sodass es ein längliches Rechteck sieht.
- Nun faltet es die Serviette als Ziehharmonika, beginnend an der kurzen Seite.

- Das Kind zurrt die Ziehharmonika mittig mit Schnur oder Wolle zusammen. Es entsteht eine Fliege. Helfen Sie dem Kind beim Binden eines festen Knotens.

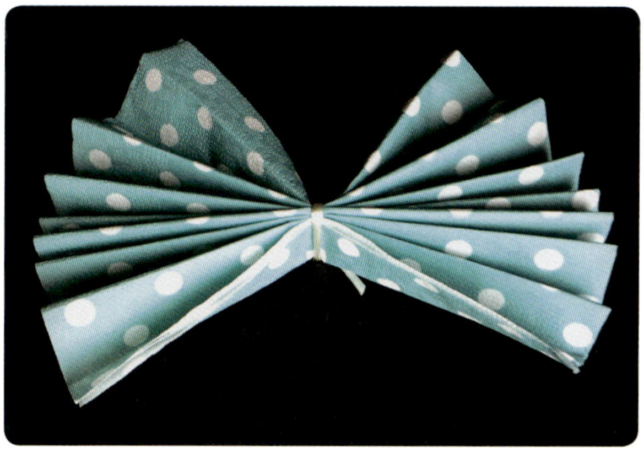

Darum geht's

Aus einer Serviette oder Seidenpapier und etwas Draht oder Schnur entsteht eine wunderschöne Blume, die sich hervorragend als Deko eignet.

Schwierigkeitsgrad

mittel

Tipp zum Sparen

Statt Draht können Sie auch die Verschlüsse von transparenten Konfekttüten verwenden. Denn häufig landen diese im Müll, weil die Tüten mit Geschenkband verschlossen werden.

Fotos: © Susanne Vogt

- Das Kind bringt jetzt die Enden der Ziehharmonika in die gewünschte Form (Rundung oder Spitze).

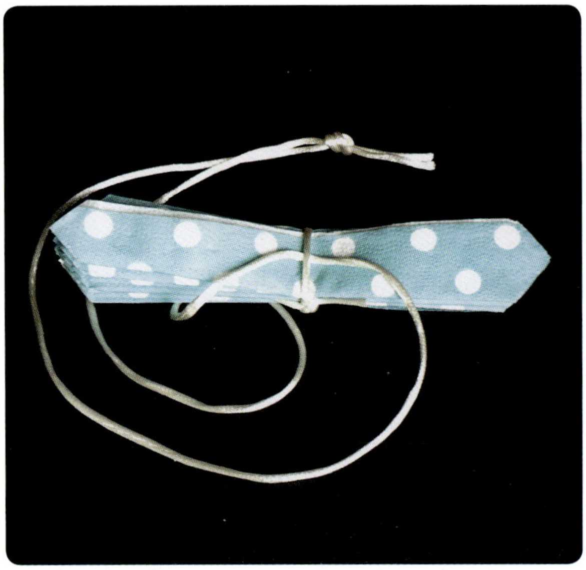

- Das Kind trennt die einzelnen Serviettenlagen voneinander. Auf diese Weise entsteht die Blüte.

- Bringen Sie ggf. eine Aufhängung an.

SEIDENPAPIERBLÜTE

Material pro Seidenpapierblüte

- ✔ 4 Bögen Seidenpapier
- ✔ etwas Draht (oder hier Verschluss einer Konfekttüte)
- ✔ Schere

So geht's

- Die Kinder legen die Bögen Seidenpapier übereinander.
- Sie falten daraus eine Ziehharmonika.
- Die Ziehharmonika umwickeln sie genau in der Mitte mit Draht oder dem Verschluss einer Konfekttüte.
- Mit der Schere schneiden sie die Enden der Ziehharmonika rund.
- Sie öffnen die einzelnen Lagen des Papiers, bis eine Blume entsteht.

ECHSEN ALS WANDSCHMUCK

Darum geht's

Mit einer einfachen Modelliertechnik entsteht eine Schar von filigranen Echsen, die jedem Raum ein ganz besonderes Flair verleihen. Zu beachten ist, dass Sie dieses Projekt in mehreren kleinen Schritten durchführen müssen. Denn oft müssen Dinge trocknen.

Schwierigkeitsgrad

mittel

Material pro Echse

- ✔ 1 Pappmaschee-Echse pro Kind
- ✔ etwas Frischhaltefolie
- ✔ Japanpapier
- ✔ Aquarellfarbe
- ✔ Pinsel
- ✔ Bastelkleister (dick angemischt)
- ✔ Schere
- ✔ evtl. Pailletten
- ✔ Flüssigkleber

Das bereiten Sie vor

- Sprechen Sie mit den Kindern über das Thema „Echsen" und sehen Sie sich gemeinsam Bilder echter Echsen dazu an.
- Modellieren Sie als Vorübung für diesen Gestaltungsprozess aus Pappmaschee (oder alternativ aus lufttrocknender Knete) mit jedem Kind seine Wunsch-Echse. Lassen Sie diese gut austrocknen. Sie wird später die Vorlage für die Echse aus Japanpapier.
- Besorgen Sie Japanpapier. Sie erhalten es im Bastelfachgeschäft. Es wird auch Reispapier genannt und zeichnet sich durch seine handgeschöpfte, sehr transparente Beschaffenheit aus. Falls Sie kein farbiges Papier erhalten, färben Sie es mit Aquarellfarbe ein. Deckweißstriche oder Spritzer einer anderen Farbe verleihen dem Papier noch mehr Charakter. Im gezeigten Beispiel wurde das Japanpapier auf eine raue Oberfläche (Hauswand) gehalten und mit einer flach gehaltenen Kreide über das Papier gerieben. Diese Technik nennt man Frottage.
- Mischen Sie den Kleister dick an.

Japanpapier

Fotos: © Susanne Vogt

ECHSEN ALS WANDSCHMUCK

So geht's

- Das Kind reißt oder schneidet das naturfarbene Japanpapier in viereckige Teile. Sie werden später zum Modellieren verwendet.
- Es legt seine Pappmaschee-Echse vor sich auf den Tisch.
- Nun deckt es die Echsenform mit etwas Küchenfolie ab.

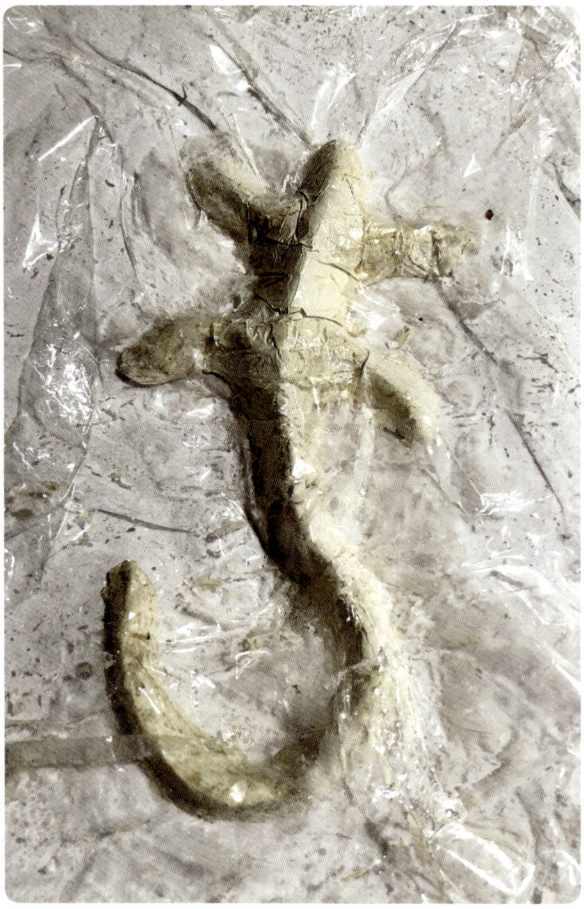

- Das Kind legt nun seine Echse vor sich auf eine Unterlage und befeuchtet sie mit etwas Wasser. Es legt die Frischhaltefolie darauf. Die Folie verhindert ein Ankleben des Japanpapiers an der Echsenform, das Anfeuchten sorgt dafür, dass die Folie auf der Echsenform nicht verrutscht.
- Mit naturfarbenem Japanpapier klebt das Kind eine komplette Schicht auf die Echsenform. Auf die Ränder seiner Echse muss es nicht achten. Sie werden später zu Rückenstacheln, Zehennägeln oder Zunge weiterverarbeitet. Eine weitere Schicht aus naturfarbenem Japanpapier folgt.

- Es klebt nun eine dritte und vierte Schicht auf die Echse. Diesmal verwendet es dafür das farbige Japanpapier.

Fotos: © Susanne Vogt

- Nach einer Trockenzeit sollten Sie die fertige Form selbst von der Folie trennen, um ein Zerreißen zu verhindern.
- Weisen Sie vor diesem Bastelschritt die Kinder darauf hin, dass sie nun ganz vorsichtig vorgehen müssen, weil sonst die Echse zerstört wird. Das Kind schneidet jetzt die überstehenden Teile am Rücken und an den Füßen entweder ab oder zackig ein.
- Jede Echse erhält noch zwei glänzende Augen (Pailletten), die mit etwas Flüssigkleber fixiert werden.
- Mit Stecknadeln wird sie an einer Pinnwand befestigt.
- Besonders wirkungsvoll ist es, wenn die Kinder vorher auf eine weiße Tapete Äste aufmalen und die Echsen darauf verteilt werden.

Unterlage

Idee

Die bereits modellierte und ausgetrocknete erste Echse eines jeden Kindes aus Pappmaschee können Sie später noch mit Wasserfarben bemalen lassen. Fixieren Sie dann die getrocknete Farbe mit Sprühlack. Die Pappmaschee-Echse eignet sich aufgrund ihres Gewichtes nicht als Wanddeko und sollte aufgestellt, nicht aufgehängt werden.

Tipps

- **Kleber:** Als Kleber für die Japanpapier-Echse eignet sich sehr gut ein Mehlteig. Sie stellen diesen ganz einfach her, indem Sie in 250 ml kaltes Wasser einen gut gefüllten Esslöffel Mehl einrühren, alles unter Rühren aufkochen und unter Rühren erkalten lassen. Dieser Mehlteig reicht für etwa vier Echsen und ist in einem Behälter mit Schraubverschluss oder gut abgedeckt mit Frischhaltefolie und Gummi etwa vier Tage haltbar.
- **Papier:** Japanpapier ist recht hochwertig, aber teuer. Als kostengünstigere Alternative eignet sich auch Seidenpapier. Das ist auch in farbig erhältlich und muss gar nicht mehr eingefärbt werden.
- **Unterlage:** Als Unterlage eignen sich sehr gut aufgeschnittene und gespülte Milch- oder Saftkartons. Befestigt man diese mit etwas Malerkrepp auf dem Tisch oder einem alten Karton-Buchrücken, können sie nicht mehr verrutschen.
- Damit Sie keine bösen Überraschungen erleben und viel Freude am Ergebnis haben, sollten Sie das Modellieren vorher ausprobieren, denn jeder Kleister und jedes Papier hat seine Eigenheiten.

SCHWIMMNUDEL-GIRLANDE

Material pro Girlande

- ✔ 1 Schwimmnudel
- ✔ buntes DIN-A4-Papier
- ✔ Schere
- ✔ Klebestreifen

Das bereiten Sie vor

Kopieren Sie die Kopiervorlage von S. 82 auf das Papier.

So geht's

- Jedes Kind sucht sich ein Blatt in seiner Lieblingsfarbe aus.
- Es faltet sein Blatt längs in der Mitte.
- Es schneidet das Blatt mit der Schere entlang der sichtbaren Linien ein und übt dabei das Schneiden gerader Linien.

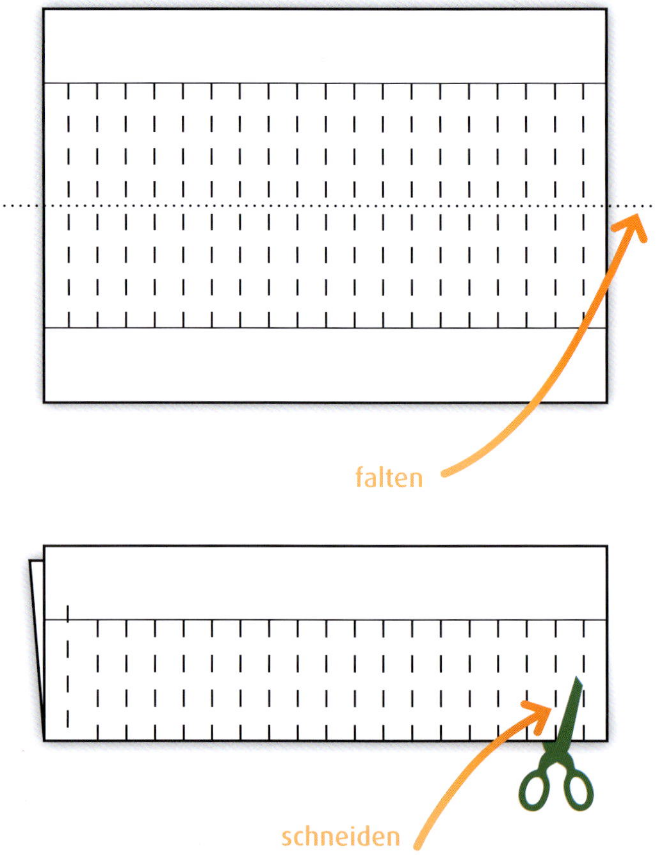

Darum geht's

Handelsübliche Schwimmnudeln halten Einzug im Gruppenraum und dienen dort als Basis wirkungsvoller Girlanden, die in Gruppenarbeit entstehen. Diese Idee eignet sich zur Raumgestaltung, aber auch für Bühnenbilder etc.

Schwierigkeitsgrad

mittel

Foto: © Susanne Vogt; Zeichnungen © Q. Gute Grafik

- Dann werden alle eingeschnittenen Papierbögen mit Klebestreifen an der Schwimmnudel befestigt. Je weiter man die einzelnen Teile zusammenschiebt, desto mehr ist von der Schwimmnudel zu sehen.

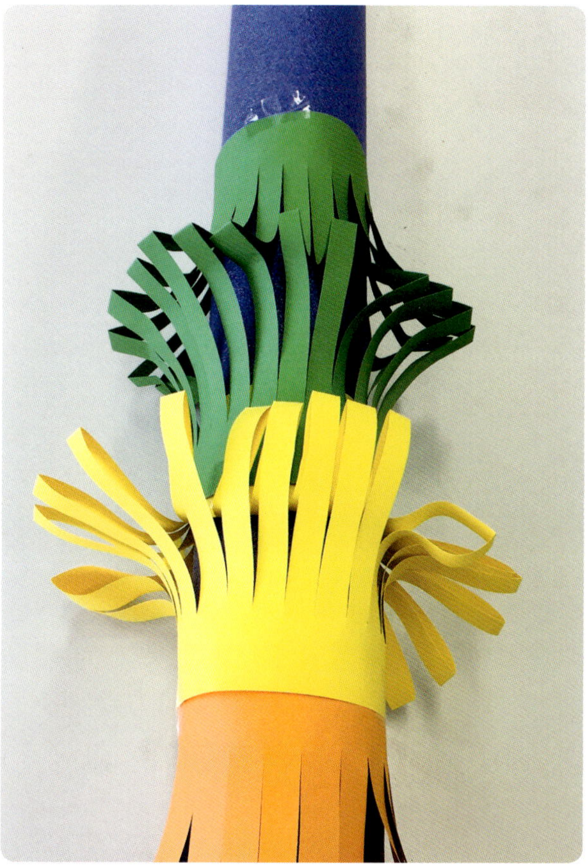

- Die Girlande kann nun aufgehängt oder aufgestellt werden. Aufgehängt wird sie, indem Sie einfach ein Stück Wolle auf eine Stopfnadel fädeln, damit die Schwimmnudel durchstechen und beide Enden der Wolle verknoten. Mit dieser Aufhängung kann die Girlande an der Decke befestigt werden.

Aufgestellt werden kann die Girlande beispielsweise, indem man sie an einem Ständer befestigt. Dieser könnte ganz einfach aus einem Backstein hergestellt werden, in den man einen Bambusstab steckt. Die Schwimmnudelgirlande wird mit einem Wollfaden daran angeknotet. Dies dient als Halterung. Damit es schöner aussieht, wird der Stab nach hinten gedreht und der Backstein mit etwas Stoff ummantelt.

Variante für geschicktere Kinder

Sehr schön sieht es aus, wenn die ganze Gruppe mit einer grünen Schwimmnudel und Papier in verschiedenen Grüntönen eine grüne Girlande herstellt. Diese kann dann von ideenreicheren Kindern mit Papier- oder Serviettenblüten (siehe S. 75 f.) verziert werden. Werden diese dann vor einem Hintergrund aus grünen Rebleinen dekoriert, erscheint der ganze Raum dschungelartig.

Fotos: © Susanne Vogt; Zweig © Dewins | Fotolia.com

KOPIERVORLAGE SCHWIMMNUDEL-GIRLANDE

HIMMEL-HÖLLE-GIRLANDEN

Darum geht's

Aus gefalteten „Himmel-und-Hölle-Spielen" fädeln die Kinder dekorative Girlanden – als Einzelarbeit oder als Gruppe.

Schwierigkeitsgrad

mittel

Material pro Girlande

- ✔ farbiges Papier quadratisch (im Beispiel 21 x 21 cm)
- ✔ Perlen mit Loch (hier sind es 13 pro Girlande)
- ✔ Klebestift
- ✔ Baumwollfaden in der Länge der Girlande (im hier gezeigten Beispiel 40 cm)
- ✔ Stopfnadel

So geht's

- Die Kinder falten aus den quadratischen Papieren die Himmel-und-Hölle-Spiele (Faltvorgang siehe S. 84).
- Sie kleben sie auf der unteren Seite zu, damit diese nicht mehr geöffnet werden kann.
- Nun fädeln sie den Faden ins Nadelöhr.
- In das Fadenende machen sie einen Knoten.
- Sie fädeln 5 (oder mehr) Perlen auf.
- Nun durchstechen sie das Himmel-und-Hölle-Spiel von unten und ziehen es so auch auf den Baumwollfaden.
- Es folgt die nächste Perle. Diese wird 2-mal durchstochen (einmal von unten, dann noch einmal von unten) und hält so besser in der Girlande.
- Das nächste Faltstück wird aufgezogen und die nächste Perle usw.
- Am Ende fädelt das Kind wieder einige Perlen auf.
- Es knotet am oberen Fadenende eine Schlaufe zum Aufhängen. Dabei braucht das Kind ggf. Ihre Hilfe.

Alternative Ideen

- Alternativ zu den Perlen können Sie auch in 2–3 cm geschnittene Trinkhalme auffädeln.
- Falls Ihnen der Faltvorgang zu schwierig für die Kinder erscheint, können Sie auch bunte Muffin-Förmchen statt der Himmel-und-Hölle-Spiele auffädeln. Das geht einfach und ist auch sehr wirkungsvoll.

HIMMEL-HÖLLE-GIRLANDEN

Faltanleitung Himmel-und-Hölle

ALTE STÜHLE MIT NEUEM GESICHT

♥ Darum geht's

Damit alte Stühle nicht einfach weggeworfen werden, zeige ich hier zwei Varianten, wie man diese wieder neu verwenden kann – als Sitzgelegenheit oder als Deko-Objekt. Beachten Sie bitte, dass Sie bei der Pappmascheevariante mehr Zeit einrechnen müssen.

Schwierigkeitsgrad

schwer

PAPPMASCHEESTUHL

Material pro Pappmascheevariante

- ✔ alter Stuhl
- ✔ Tapetenkleister
- ✔ Zeitungen
- ✔ evtl. Karton oder Hasendraht
- ✔ Wasser- oder Acrylfarben
- ✔ Pinsel
- ✔ Klarlack
- ✔ evtl. weitere Deko

Das bereiten Sie vor

- Mischen Sie den Tapetenkleister nach Anleitung des Herstellers an.
- Sammeln Sie mit den Kindern Zeitungen.
- Überlegen Sie sich vorab ein Thema für den Stuhl. Gut geeignete Themen sind Baumstuhl, Geburtstagsstuhl, Flügelwesen, Piratenstuhl etc.

So geht's

- Die Kinder überlegen sich zuerst, wie sie die individuelle Form ihres Stuhles gewinnbringend nutzen können. Sie zeichnen mit Ihrer Unterstützung ggf. eine kleine Skizze.
- Dann ummanteln sie den Stuhl zuerst grob mit den Zeitungen und dem Tapetenkleister. Achten Sie darauf, dass das Papier gut mit Kleister durchtränkt ist.
- Soll der Stuhl sich z. B. in ein Flügelwesen verwandeln, formen die Kinder Erweiterungen wie Flügel aus Karton oder Draht. Diese umkleben und befestigen sie dann ebenfalls mit Pappmaschee.
- Ist der Stuhl in seiner Form fertig, muss er gut austrocknen. Das kann unter Umständen bis zu einer Woche dauern.
- Nach dem Austrocknen bemalen die Kinder den Stuhl mit Farbe und Pinsel.
- Sie lassen die Farbe gut trocknen.
- Zum Schluss wird durch Klarlack verhindert, dass der Stuhl beschädigt wird. Tragen Sie den Klarlack am besten im Außengelände auf den Stuhl auf.

BEPFLANZTER STUHL

Material pro bepflanzter Variante

- ✔ alter Stuhl mit textiler Sitzfläche, die idealerweise herausnehmbar ist
- ✔ evtl. Stichsäge
- ✔ evtl. Farbe für den Holzrahmen
- ✔ evtl. Pinsel
- ✔ Tackerpistole
- ✔ Hasendraht in der Größe der Sitzfläche
- ✔ etwas Gartenvlies
- ✔ Kieselsteine
- ✔ Hauswurz oder andere Pflanzen für den Steingarten

Das bereiten Sie vor

- Für diese Bastelarbeit eignen sich am besten Stühle, die eine textile Sitzfläche haben.
- Entfernen Sie die Sitzfläche, sodass nur noch die Form des Rahmens zu sehen ist. Bei Stühlen, die nur aus Holz bestehen, können Sie einfach die Sitzfläche mit einer Stichsäge entfernen.
- Tackern Sie an der Unterseite der ehemaligen Sitzfläche den Hasendraht fest. Er ist später die Basis des bepflanzten Teils.

So geht das Bepflanzen der Stühle

- Die Kinder legen die ehemalige Sitzfläche mit Vlies aus. Dieser verhindert später, dass die Steine unten herausfallen.
- Jetzt befüllen sie die Sitzfläche mit den Steinchen.
- Sie begrünen die mit Steinen ausgefüllte Sitzfläche, indem sie die Pflanzen etwas eingraben.
- Der Mini-Steingarten kann jetzt noch dekoriert werden. Dafür eignen sich (bunt bemalte) Steinchen, Schneckenhäuschen, Federn, Moos oder auch Puppenhaus-Utensilien (z.B. ein kleiner Rechen, eine kleine Backform) etc.
- Falls der nächste Regen länger auf sich warten lässt, sollten die Kinder die Pflanzen gießen.

BLUMEN ODER STERNE AUS BUTTERBROTPAPIER-TÜTEN

Darum geht's

Aus Butterbrotpapier-Tüten entstehen sehr schnell gemachte, wirkungsvolle Blumen oder Sterne.

Schwierigkeitsgrad

einfach

STERN

Material pro Stern

- ✔ 14 Butterbrotpapiertüten
- ✔ Bleistift
- ✔ Schere
- ✔ Klebestift

Das bereiten Sie vor

Für motorisch ungeschicktere Kinder bereiten Sie am besten für den zweiten Bastelschritt eine Schablone vor.

So geht's

- Das Kind legt die Butterbrotpapiertüten so vor sich auf den Tisch, dass die Klebelaschen einheitlich nach unten zeigen. Kontrollieren Sie diesen Vorgang zur Sicherheit noch einmal. Er ist wichtig.
- Mit dem Bleistift zeichnet das Kind nun am offenen Rand einen Bogen oder eine Spitze. Falls Sie möchten, können Sie dafür eine Schablone anfertigen.
- Nun schneidet das Kind entlang der aufgezeichneten Linie.

- Mit dem Klebestift klebt das Kind jetzt sieben Tüten aufeinander. Es achtet wieder darauf, dass die Tüten alle dieselbe Ausrichtung haben.

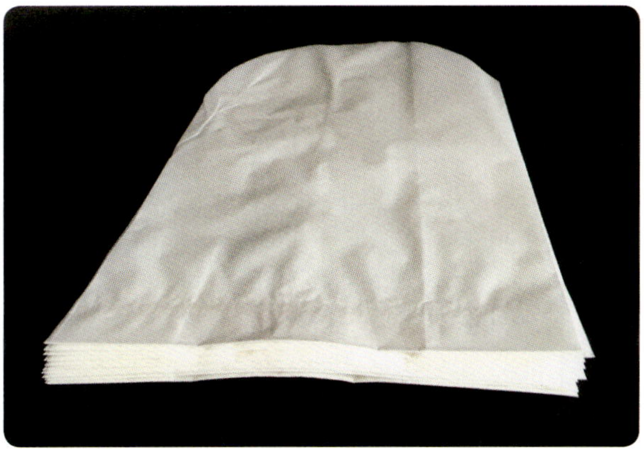

- Nun wiederholt das Kind den Vorgang mit den anderen sieben Tüten. Dies ist wichtig, damit das Kind exakter kleben kann.
- Das Kind klebt nun beide Stapel aufeinander und lässt den Kleber trocknen.
- Nun kann es den Stern entfalten.

Fotos: © Susanne Vogt

BLUMEN ODER STERNE AUS BUTTERBROTPAPIER-TÜTEN

- Fixieren Sie die offenen Enden des Sternes mit Klebestreifen aneinander oder nähen Sie beide mit etwas Faden zusammen. Sie können dann den Stern auch gleich daran aufhängen.

Variante für geübtere Kinder

Geübtere Kinder können die beiden Stapel vor dem Zusammenkleben an den seitlichen Rändern mit kleinen Mustern einschneiden. Das verleiht dem Stern ein noch eleganteres Aussehen. Achten sollten die Kinder jedoch darauf, dass beide Stapel mit demselben Muster verziert werden. Am besten ist es, wenn man das Muster des ersten Stapels mit einem Bleistift auf den zweiten Stapel überträgt und erst dann ausschneidet.

Idee: Schneesterne

Mit denselben Materialien können Sie auch ganz einfach Schneesterne herstellen. Dazu werden die offenen Enden der zusammengeklebten Tüten nicht angespitzt, sondern im Zickzack oder rund eingeschnitten, ebenso die Seitenränder. Hilfe beim Einschneiden gibt eine Schablone, mit der sich die Schnitte problemlos auf jede Tüte zeichnen lassen.

Schablone

BLUME

Material für die Blume

- ✔ s. Material für den Stern (S. 87)
- ✔ unterschiedliche Servietten

So geht's

- Die Schritte bis zur aufgeklappten Blume erfolgen wie beim Stern.
- Aus den Servietten schneidet das Kind jetzt Verzierungen für die Blätter aus. Damit alle Verzierungen möglichst gleich ausfallen, schneidet das Kind mehrere Schichten der Serviette gleichzeitig und entblättert diese dann.
- Es klebt die Verzierungen nach Belieben auf seine Blumenform.

VÖGEL IM HERBST

Darum geht's

Ein blattloser Herbstast wird mit Papier-Draht-Vögeln oder kleinen Vogelhäusern und Moosgummi-Blättern verziert. Eine einfache Deko-Idee als Gemeinschaftswerk der ganzen Gruppe.

Schwierigkeitsgrad

mittel

AST MIT VÖGELN

Material pro Ast mit Vögeln

- ✔ 1 oder mehrere Äste
- ✔ festes helles Tonpapier (weiß oder creme)
- ✔ Bleistift
- ✔ Wasserfarbe oder Buntstifte
- ✔ Schere
- ✔ pro Kind etwa 8 cm dünner Basteldraht
- ✔ evtl. Wackelaugen
- ✔ evtl. Federn

Das bereiten Sie vor

Besorgen Sie einen dekorativen Ast.

So geht's

- Jedes Kind zeichnet einen Vogel mit Bleistift auf das Blatt.
- Es bemalt diesen von einer Seite.
- Nun schneidet es den Vogel aus und bemalt die Rückseite.
- Falls sie das möchten, können die Kinder den Vogel nun auch noch mit Wackelaugen und Federn verzieren.
- Am Fuß des Vogels befestigen Sie nun den Draht, indem Sie den Fuß einfach umwickeln.
- Wenn Sie nun das andere Ende des Drahtes am Ast befestigen, sieht es aus, als ob der Vogel auf dem Ast steht.

Variante: Vögel aus WC-Rollen

Die Kinder bemalen eine leere WC-Rolle von außen. Während des Trockenvorgangs schneiden sie aus Papierresten einen Schnabel aus, den sie in der Mitte falten. Evtl. können sie auch Füße ausschneiden. Die Kinder falten außerdem zwei Ziehharmonikas aus buntem Papier. Das werden die Flügel. Nun schneiden Sie selbst zwei längliche Schnitte in die bemalte Rolle. Diese sollten in gleicher Höhe angeordnet und etwas länger sein als die Breite der Ziehharmonikas. Stecken Sie nun die Ziehharmonikas durch die Schlitze. Das Kind klebt zwei weiße Klebepunkte als Augen, den Schnabel und die Füße auf. Ggf. bohrt es ein Loch hinten in die Rolle und steckt eine Feder als Schwanz hinein. Diese Vögel könnten den Ast auch zieren. Sie müssten allerdings aufgehängt werden und würden dann nicht auf den Ästen sitzen.

Das bereiten Sie vor

- Besorgen einen schönen Ast.
- Sorgen Sie dafür, dass jedes Kind eine leere Verpackung hat.

So geht's

- Das Kind beklebt den leeren Karton mit buntem Papier. Es beklebt dazu zuerst eine komplette Außenfläche des Kartons und legt diese auf das Papier. Dann bestreicht es die nächste Fläche mit Kleber und rollt die Verpackung weiter. Dies geht so lange weiter, bis alle vier Außenflächen beklebt sind.
- Helfen Sie den Kindern beim Zukleben des Papiers auf der Unterseite des Häuschens. Gehen Sie dabei vor wie beim Verpacken eines Geschenks.
- Die Kinder formen nun aus dem Papier auch ein Dach für ihr Vogelhäuschen und kleben es am Häuschen an.
- Bohren Sie gemeinsam mit dem Kind mit der Ahle an der Stelle ein Loch in den Karton, an der der Sitz (Zahnstocher) für den Vogel sein soll.
- Schneiden Sie oberhalb des Zahnstochers ein Eingangsloch hinein. Dies können geschickte Kinder evtl. auch schon selbst machen.
- Die Kinder schneiden jetzt Blätter aus Moosgummi aus.
- Sie befestigen diese am Ast, indem sie einfach mit der Ahle ein Loch in das Blatt bohren und mit einem Zweigende dieses auffädeln.
- Hängen Sie am beblätterten Ast jetzt auch die Vogelhäuschen auf. Sie benötigen dazu etwas dünnen Basteldraht.
- Wenn die Kinder auch noch kleine Vögel für die Häuschen basteln möchten, können Sie wie auf der vorherigen Seite beschrieben vorgehen.

AST MIT VOGELHÄUSERN

Material pro Ast mit Vogelhäusern

- ✔ 1 oder mehrere Äste
- ✔ kleine, leere Verpackungen von Medikamenten
- ✔ buntes Papier
- ✔ Klebestift
- ✔ etwas transparentes Klebeband
- ✔ Schere
- ✔ grüner Moosgummi
- ✔ 1 Ahle
- ✔ pro Vogelhaus 1 Zahnstocher oder Schaschlikspieß
- ✔ dünner Basteldraht, ca. 10 cm

REGENSCHIRME UND FANTASIEBLUMEN AUS PAPIER

REGENSCHIRM

Material pro Regenschirm

- ✔ 3 DIN-A4-Bögen farbiges Papier
- ✔ Plastikbecher
- ✔ Bleistift
- ✔ Schere
- ✔ Klebestift
- ✔ dicker Aludraht (Durchmesser 2 mm, Länge ca. 17 cm)
- ✔ Zange
- ✔ 1 Holzperle mit Loch
- ✔ ggf. Nylonfaden
- ✔ Heißklebepistole

Darum geht's

Aus Papierkreisen oder -herzen entstehen farbenfrohe Regenschirme, Fantasieblumen oder auch Ballons. Hier wird gezeigt, wie diese Technik als hängende oder stehende Deko, aber auch in einem Bild eingesetzt werden kann.

Schwierigkeitsgrad

schwer

So geht's

- Das Kind zeichnet mithilfe des Plastikbechers acht bis zwölf Kreise auf die Blätter. Es stellt den Becher dazu kopfüber auf das Blatt und zeichnet die Rundung mit dem Bleistift nach. Ggf. müssen Sie dem Kind dabei helfen. In jedem Fall ist es wichtig, dass Sie dem Kind zeigen, wie man platzsparend arbeitet.
- Das Kind schneidet die Kreise aus.
- Es halbiert jeden Kreis, indem es eine Hälfte auf die andere faltet.
- Noch einmal halbiert es den Halbkreis. Ein Viertel entsteht.

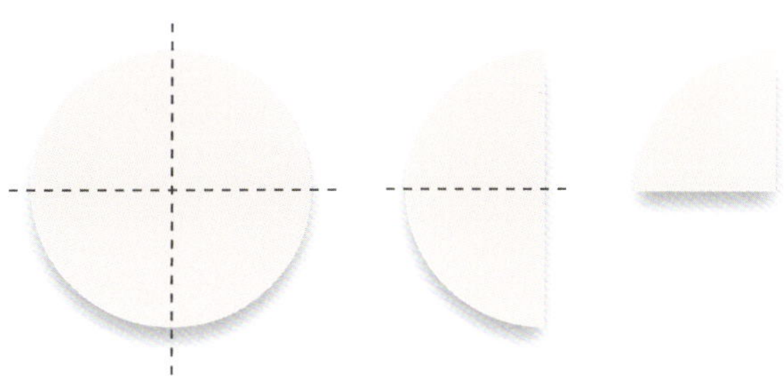

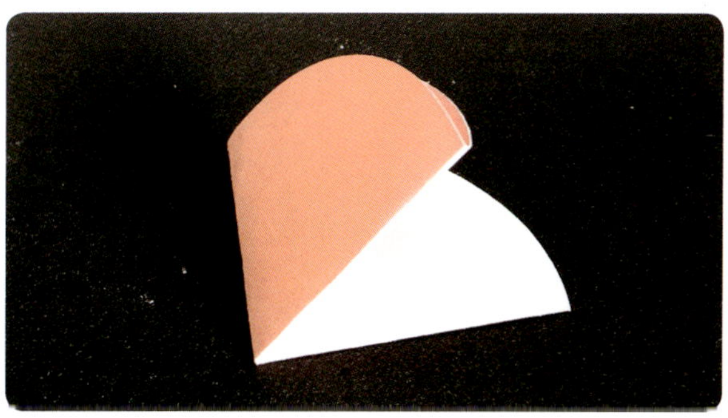

REGENSCHIRME UND FANTASIEBLUMEN AUS PAPIER

- Den Viertelkreis bestreicht das Kind innen mit dem Klebestift.
- Es drückt die bestrichene Stelle auf die Gegenseite. Die Seiten kleben jetzt aneinander.
- Hat das Kind diesen Vorgang bei allen Teilen wiederholt, klebt es jetzt die Einzelteile aneinander, indem es jeweils die Außenseiten mit Kleber bestreicht und sie in gleicher Richtung aufeinanderdrückt. Die Form des Regenschirmes wird sichtbar.

- Aus dem Aludraht könnten Sie in der Zwischenzeit den Stab des Regenschirmes biegen, indem Sie mithilfe einer Zange erst eine Schlaufe biegen, die später ein Herausrutschen der Holzperle verhindert.

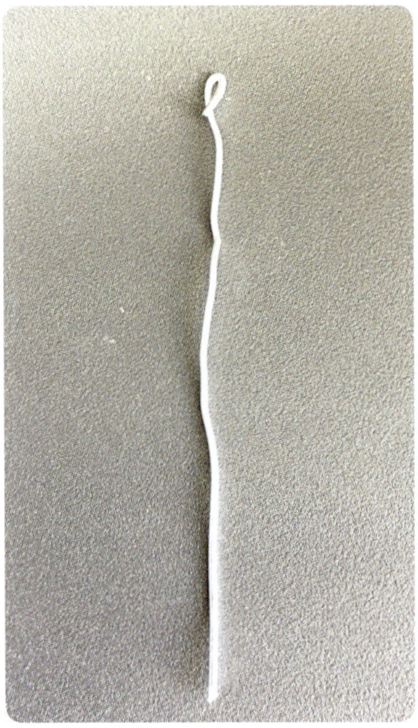

- Das Kind fädelt nun die Holzperle auf den Draht.

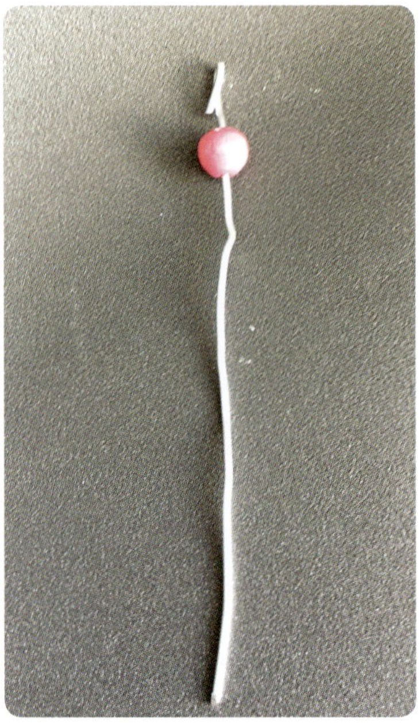

- Es schiebt den Stock des Regenschirmes von oben in den Schirm. Sie kleben den Draht jetzt mit etwas Heißkleber in den Schirm.

- Mit einem Nylonfaden können Sie die Regenschirme aufhängen.

Fotos: © Susanne Vogt

FANTASIEBLUME

Material pro Blume

- ✔ 3–5 DIN-A4-Bögen farbiges Papier
- ✔ 1 Schablone
- ✔ Bleistift
- ✔ Schere
- ✔ Klebestift
- ✔ Aludraht ca. 1 m lang, 2 mm Durchmesser
- ✔ Sisal, Federn, Mini-Bastel-Pompons, Glimmer und andere Verzierungen Ihrer Wahl

Das bereiten Sie vor

Zeichnen Sie eine Schablone in Herzform vor. Dadurch können Sie selbst bestimmen, wie groß die Blume werden soll.

So geht's

- Das Kind zeichnet mit der Schablone acht bis zwölf Herzen auf und schneidet diese aus.
- Es faltet die Herzen mittig.
- Die halbierten Herzen klebt das Kind jetzt so aufeinander, dass die Faltlinien immer in dieselbe Richtung zeigen. Die Form der Blume wird jetzt sichtbar.
- Das Kind verziert die Fantasieblume nach Belieben.
- In die zusammengeklebte Blume kleben Sie jetzt mit Heißkleber den Aludraht ein, wie auf S. 92 beschrieben.

Tipp

Die Blumen stehen sehr gut in Backsteinen oder in mit Sand gefüllten Eimern.

Idee: 3-D-Bild mit Ballon

Auf dieselbe Weise wie die Fantasieblumen entsteht auch ein Bild mit Fesselballon.

In diesem Stil können Sie weitere Ideen, wie Wolken oder Blumen, umsetzen.

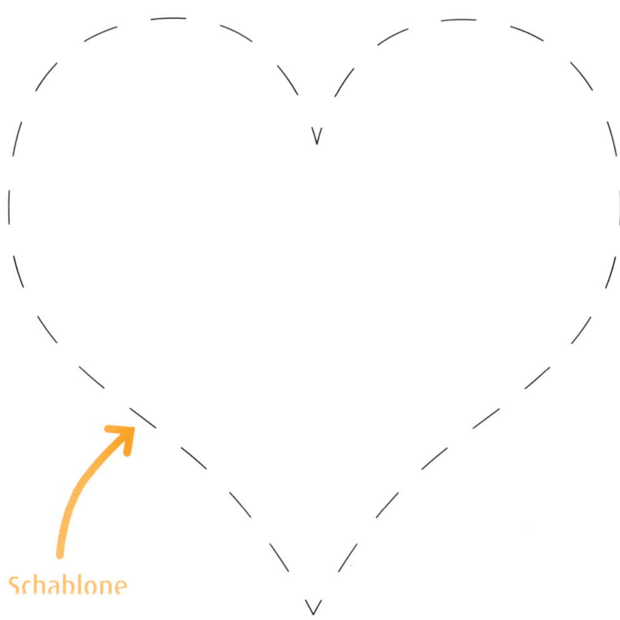

BEMALTE ÄSTE

♥ Darum geht's

Kahle Äste werden farbig und verzaubern ihre Umgebung mit ihrem neuen, farbenfrohen Kleid. Eine Idee zum Dekorieren von Innenräumen und Gärten, die auch als Geschenkidee geeignet ist.

Schwierigkeitsgrad

einfach

Material pro Ast

- ✔ 1 kahler Ast
- ✔ Acrylfarben
- ✔ Borstenpinsel in verschiedenen Dicken
- ✔ evtl. 1 Rolle Malerkrepp (gut löslich)
- ✔ evtl. Holzperlen mit Loch
- ✔ evtl. dünner Basteldraht zum Fädeln
- ✔ evtl. bunte Federn
- ✔ evtl. bunte Wollfäden
- ✔ evtl. Glimmer
- ✔ evtl. Schere

Das bereiten Sie vor

Besorgen Sie für jedes Kind einen kahlen Ast in beliebiger Größe oder gehen Sie vorher gemeinsam auf Wanderung mit Astsammlung.

So geht's

- Jedes Kind betrachtet seinen Ast ganz genau.
- Es bemalt den Ast nach Belieben. Ideen: Bemalen in Ringen, Grundieren des Astes und Betupfen, flächiges Anmalen.

- Je nach Geschmack verziert das Kind seinen Ast nun mit Perlen, Federn oder Fäden.

- Sind alle Äste fertig gestaltet und getrocknet, suchen die Kinder gemeinsam einen passenden Platz für ihr Kunstwerk aus und installieren es dort.

Tipps zum Installieren

- Sollen die Äste über längere Zeit stabil im Freien stehen, lohnt es sich, sie einzubetonieren.
- Werden die Äste aufgehängt, so können Sie einen stabilen Draht zwischen zwei Aufhängungen (Ösenhaken oder verknotet zwischen zwei Bäumen) befestigen. Die Äste selbst werden oben mit der Bohrmaschine durchbohrt und mit einem stabilen Draht oder Seil aufgehängt. Sie erscheinen dann schwebend.
- Soll jedes Kind ein kleines Astkunstwerk machen, können Sie den bemalten Ast (oder mehrere) in einen mit Gips befüllten Mini-Tontopf stellen. Dieser eignet sich als Fuß und ist nach dem Trocknen des Gipses auch stabil. Der Tontopf kann später noch bemalt werden, ebenso der getrocknete Gips.
- Alternativ zu dieser Befestigung können Sie Knete verwenden. Formen Sie daraus einen Hügel und stecken Sie den Ast hinein.
- Sollen die Astskulpturen auf Sockeln stehen, sind oben angebohrte Holzscheite oder Baumscheiben gut geeignet.
- Sehr schön sieht es auch aus, wenn mehrere Backsteine (aus dem Bauhandel) weiß bemalt und nebeneinander – wie eine Mauer – auf den Boden gelegt werden. In die Löcher in den Backsteinen können dann nach Belieben die Äste gesteckt werden. Diese Idee eignet sich hervorragend zum Abtrennen von Räumen und es wirkt fast wie ein Paravent.
- Die Äste können auch einfach zu einer dekorativen Assemblage kombiniert werden.

Astskulptur

Foto: © Susanne Vogt

PLASTIK- ODER GLASLEUCHTEN

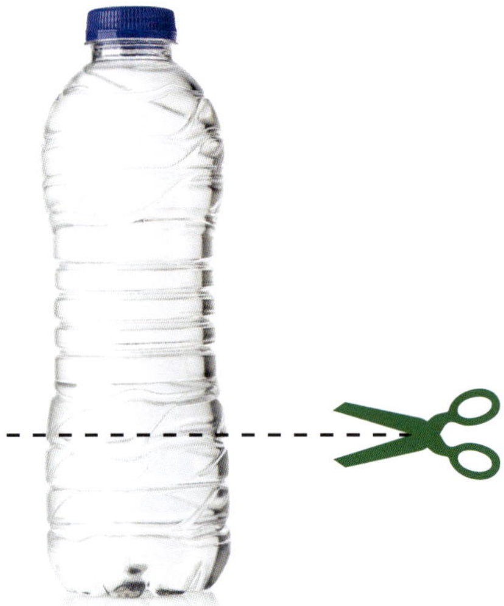

Material pro Leuchte

- ✔ 1 sauberes Marmeladenglas oder 1 sauberer Boden einer PET-Flasche
- ✔ Kleister
- ✔ Pinsel
- ✔ Transparentpapier
- ✔ etwas Basteldraht
- ✔ ein paar Perlen mit Loch
- ✔ 1 (LED-)Teelicht

Darum geht's

Aus dem Unterteil einer PET-Flasche oder einem alten Marmeladenglas entstehen wirkungsvolle kleine Leuchten, die sowohl aufgehängt als auch aufgestellt werden können, allerdings drinnen.

Schwierigkeitsgrad

einfach

Das bereiten Sie vor

- Wenn Sie sich für die PET-Variante entschieden haben, schneiden Sie vorgängig mit dem Cutter den Boden einer gespülten PET-Flasche ab. Die Leuchte sollte etwa 10 cm hoch werden.
- Für die PET-Variante besorgen Sie auch ein LED-Teelicht. Denn ein echtes Teelicht könnte die Leuchte womöglich ansengen.

Fotos: Glasleuchte © Susanne Vogt; Marmeladengläser und PET-Flasche © AlenKadr | beide Fotolia.com

So geht's

- Zuerst zerreißen die Kinder das Transparentpapier in kleine Streifen oder Schnipsel.
- Das Kind stellt das leere Marmeladenglas vor sich.
- Es bestreicht die Außenseite mit Kleister.
- Vorsichtig klebt das Kind jetzt die Schnipsel auf die Außenfläche des Glases. Diese dürfen ruhig überlappen.
- Während die Leuchte trocknet, fädelt das Kind die Perlen auf den Draht.

- Es knotet zum Schluss den geschmückten Draht um das Glas.
- Ein (LED-)Teelicht bringt die Leuchte zum Strahlen.

Weitere Varianten:

Glaslicht

Ganz toll sieht es aus, wenn Sie das Marmeladenglas nicht mit Transparentpapier, sondern mit Muggelsteinen (flachen Glassteinen) bekleben. Benutzen Sie dazu Heißkleber. Wird eine Kerze darin angezündet, brechen die Glassteine das Licht. Das ist wundervoll anzusehen.

Nachtschein-Leuchtlicht

Statt das Glas mit Papier zu bekleben, können Sie es auch bemalen. Wenn Sie dafür fluoreszierende, als kindertauglich getestete Farbe verwenden, ist die Leuchte tagsüber unauffällig, strahlt aber in der Nacht umso mehr. Bemalen Sie dazu das Innere des Marmeladenglases und stellen Sie es verkehrt herum auf. Dann hat es einen sicheren Stand. Fixieren Sie die Farbe mit etwas Klarlack.

RUNDE LATERNE

Material pro runder Laterne

- ✔ 1 runde Käseschachtel mit Deckel
- ✔ Transparentpapier
- ✔ Klebestift
- ✔ Schere
- ✔ evtl. Draht zum Aufhängen
- ✔ evtl. Kleister
- ✔ evtl. schwarzes Tonpapier
- ✔ evtl. getrocknete Herbstblätter

♥ Darum geht's

Hier werden verschiedene Techniken vorgestellt, mit denen Sie einfach und wirkungsvoll Laternen für den Martinsumzug oder auch zur Gestaltung von Tischdeko herstellen können.

Schwierigkeitsgrad

einfach ♥♡♡ bis mittel ♥♥♡

Das bereiten Sie vor

Bitten Sie Eltern und Kinder, leere runde Käseschachteln (von Dreieckskäsen) mitzubringen. Fragen Sie alternativ bei Herstellern von Dreieckskäsen an.

So geht's

- Das Kind misst direkt mit der Käseschachtel ab, wie viel Transparentpapier es benötigt. Dazu rollt es das Transparentpapier um die Käseschachtel und zeichnet sich eine Markierung auf, wo später geschnitten wird. Wichtig ist, dass die Enden des Transparentpapiers leicht überlappen.
- Es schneidet das Papier zurecht.

- Nun gestaltet es die Fläche der Laterne, die später erleuchtet werden soll. Es gibt dafür folgende Möglichkeiten:
  1) Es bedruckt die Fläche mit der Technik des Kartoffeldruckes und benutzt dafür Acrylfarben. (Kartoffeldruck siehe S. 10)
  2) Es beklebt die Fläche mit kleinen gerissenen Schnipseln aus verschiedenfarbigem Transparentpapier. Zum Kleben benutzt es Kleister.
  3) Es schneidet Formen aus schwarzem Tonpapier aus und klebt diese auf das Transparentpapier. Den Rand der Käseschachtel schneidet es nach Belieben im Zickzack ein.

  4) Es klebt noch biegbare, flexible Herbstblätter auf das Transparentpapier. Dazu benutzt es Kleister.

- Das Kind schneidet in den oberen Teil noch ein kreisrundes Loch. Daran kann der Aufhängedraht befestigt und die Laterne beleuchtet werden.
- Mit dem Klebestift klebt das Kind das ausgestaltete, inzwischen trockene Transparentpapier zuerst am oberen, dann am unteren Käseschachtelteil fest. Die überlappende Nahtstelle schließt es ebenfalls mit Kleber.

ECKIGE LATERNE

Material pro eckiger Laterne

- ✔ 1 leerer, ausgespülter Saftkarton
- ✔ Cutter
- ✔ Transparentpapier
- ✔ Klebestift
- ✔ Schere
- ✔ evtl. Draht zum Aufhängen

Das bereiten Sie vor

Besorgen Sie Saftkartons mit möglichst quadratischer Grundfläche. Spülen Sie diese gut aus.

So geht's

- Schneiden Sie vom Saftkarton den Boden in einem Abstand von etwa 3 cm mit dem Cutter ab.
- Verfahren Sie genauso mit dem oberen Teil. Entfernen Sie davon die Deckenfläche, d.h. schneiden Sie unterhalb der Deckenfläche einfach einen Streifen von etwa 2 cm ab.
- Helfen Sie dem Kind dabei, auszumessen, wie viel Transparentpapier es benötigt, und schneiden Sie es zurecht.
- Das Kind gestaltet die Transparentpapier-Fläche mit der Technik seiner Wahl.
- Es klebt die Fläche zwischen die beiden Saftkartonteile.

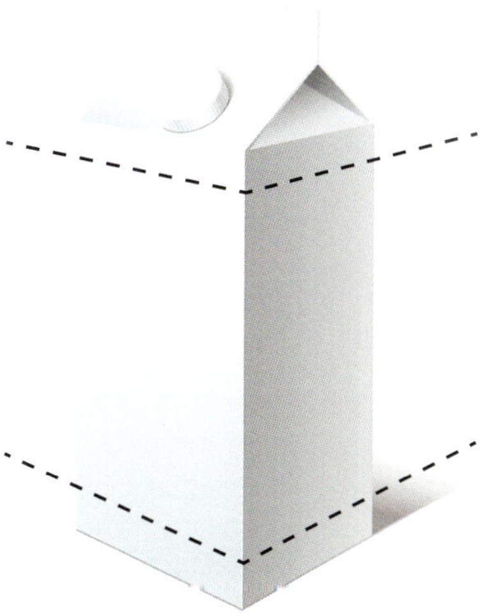

Alternative Idee

Wenn Sie eine Laterne mit quadratischer Grundfläche machen möchten, Ihnen aber ein Saftkarton zu klein ist, dann gehen Sie so vor:

- Besorgen Sie sich statt des Saftkartons einen Bogen schwarzen Fotokarton.
- Überlegen Sie sich, wie breit Ihre Laterne werden soll.
- Messen Sie einen Streifen ab, der 4-mal die Breite plus Zugabe von 1 cm hat. Dieser Streifen sollte 6 cm hoch sein. (Bei einer 10 cm breiten Laterne wäre der Streifen 4 x 10 cm plus 1 cm [= 41 cm] lang und 6 cm hoch.)

- Knicken Sie den Streifen der Länge nach, damit er nur noch 3 cm hoch ist.

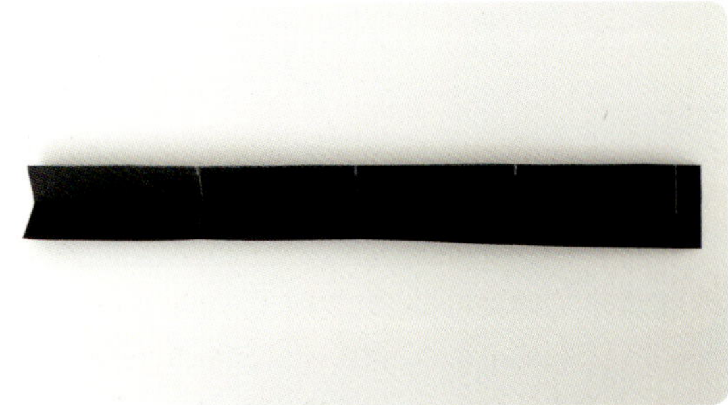

- Zeichnen Sie sich mit Bleistift Markierungen ein, an denen später gefaltet wird. (Bei der 10-cm-Laterne wäre das eine Markierung nach 10, nach 20, nach 30 und nach 40 cm. 1 cm steht über, das ist die Klebelasche.)

- Falten Sie diesen Streifen nun an den Markierungen.

- Schneiden Sie an den eben gemachten Falzen den Streifen bis zur Hälfte ein.

- Nun können Sie den Rahmen gut zusammenkleben.
- Wiederholen Sie den Vorgang für den oberen Rand.
- Messen Sie anhand des Randes noch die Bodenfläche für die Laterne ab und kleben Sie diese ein.

SCHNELLER PAPIER-ADVENTSKRANZ

Darum geht's

Aus einem kleinen Pappteller, grünen Papierstreifen und wenig Dekoration entsteht ein Adventskranz, der jedem Raum ein weihnachtliches Flair verleiht.

Schwierigkeitsgrad

mittel

Material pro Kranz

- 1 kleiner Pappteller
- 2 DIN-A4-Bögen grünes Papier
- evtl. etwas rotes Papier (für die Kerze)
- ganz wenig gelbes Papier (für die Flamme)
- Schere
- Klebestift (oder Tacker)
- rotes Geschenkband (ca. 40 cm)
- evtl. Verzierungen wie Mini-Pompons, Glimmer o. Ä.

Das bereiten Sie vor

- Entfernen Sie von jedem Pappteller die runde Bodenfläche, sodass nur noch der Tellerrand übrig bleibt. Mit dem Cutter geht es schnell und erspart den Kindern die mühsame Schneidearbeit.
- Jüngeren Kindern, die noch Mühe mit dem Schneiden haben, können Sie helfen, indem Sie die grünen Papierstreifen vorher – quergelegt – mit der Schneidmaschine in etwa 3 cm breite Streifen schneiden und die Kinder nur kleben lassen. Alternativ können Sie den Kranz in Kleingruppen (ca. zwei bis drei Kinder) erarbeiten lassen.
- Es lohnt sich auch, auf die grünen Papiere vorher die Linien zu kopieren, auf denen die Kinder schneiden müssen. Legen Sie dazu die Breite der gewünschten Papierstreifen für sich fest, zeichnen die Streifen auf ein Papier vor und kopieren die Vorlage auf alle benötigten grünen Papiere.

SCHNELLER PAPIER-ADVENTSKRANZ

So geht's

- Jedes Kind erhält einen Pappteller, bei dem der Boden bereits entfernt ist.
- Es erhält jetzt das grüne Papier, auf das bereits die Schneidlinien kopiert wurden (siehe Vorbereitung).
- Das Kind schneidet die Streifen aus.
- Nun streicht es jeweils ein Ende des Streifens mit Kleber ein, legt den Papierstreifen um den Tellerrand und klappt das andere Ende einfach darauf. Der Papierstreifen umschließt jetzt den Tellerrand.

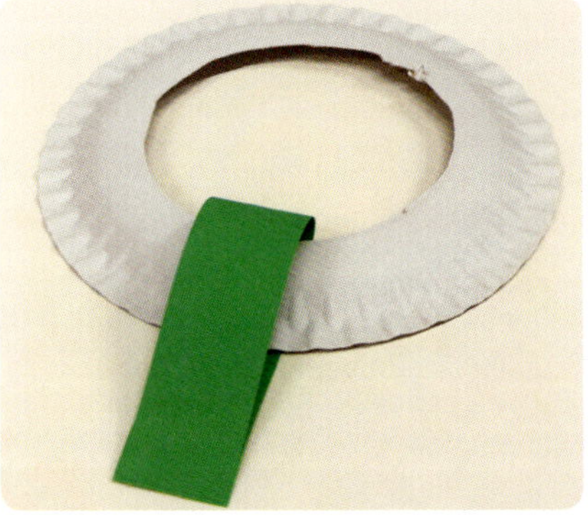

- Diesen Vorgang wiederholt das Kind mit allen Streifen so lange, bis der komplette Teller mit grünen Streifen bedeckt ist.

- Mit der Schere schneidet das Kind evtl. die Ränder der Papierstreifen dekorativ ein.

- Das rote Band wird zu einer Schleife gebunden und am Kranz befestigt.
- Das Kind verziert den Kranz mit der gewünschten Dekoration.
- Ältere Kinder können eine (oder vier) Kerze(n) falten, indem sie aus zwei gleich breiten und langen Streifen eine Hexenleiter falten.
- Die Kinder schneiden eine Flamme aus und kleben diese auf die Hexenleiter.
- Die Kerze wird in die Mitte des Kranzes gestellt.
- Wenn das Kind vier Kerzen möchte, muss es den Hexenleiter-Vorgang 4-mal machen. Es befestigt die Kerzen auf dem Kranz, indem es sie an die gewünschten Stellen klebt.

Variation für kleinere Kinder

- Für kleinere Kinder ist es einfacher, wenn Sie einen großen Pappteller benutzen. Dann sollten Sie ungefähr vier Bögen grünes Papier pro Kranz einrechnen.
- Die Kinder können den Kranz mit Ihrer Hilfe auch tackern, statt zu kleben.

Falls Sie den Adventskranz aufhängen möchten

- Für diesen Fall sollten Sie statt einem Papierteller einen Kranz aus Styropor® oder Steckschwamm benutzen.
- An diesem Kranz werden die Papierstreifen mit jeweils einer Stecknadel befestigt.
- Die Hexenleiter-Kerze wird am Kranz mit einer Nadel festgesteckt.
- Den Kranz können Sie mit einem Paketband (ca. 45 cm) aufhängen.

DEKOKRANZ AUS WEIHNACHTSBAUMKUGELN

Material pro Kranz

- ✔ Elektrikerdraht in gewünschter Länge
- ✔ Weihnachtsbaumkugeln in entsprechender Menge
- ✔ ein paar Tannenzweige
- ✔ dünner Basteldraht
- ✔ Schere
- ✔ evtl. Verzierungen, wie Bänder

Hinweise

- Der Kranz, der hier abgebildet ist, hat einen Durchmesser von 18 cm. Dafür wurden 50 cm Elektrikerdraht und 80 Mini-Kugeln mit einem Durchmesser von 1 cm verwendet. Sie können Ihren Kranz beliebig klein machen. Wenn Sie größere Kugeln verwenden, benötigen Sie natürlich weniger.
- Kaufen Sie lieber Kugeln aus Kunststoff, wenn Sie Bedenken bei der Sicherheit der Kinder durch Glaskugeln haben.

♥ Darum geht's

Etwas Draht, bunte Kugeln und wenig Tannenzweige – mehr brauchen Sie nicht für diesen blitzschnell gemachten originellen Adventskranz. Diese Bastelarbeit eignet sich als Einzel- oder Gruppenarbeit.

Schwierigkeitsgrad

einfach ♥ ♡ ♡

Tipps zum Sparen

- Es lohnt sich, wenn Sie dieses Projekt von langer Hand planen. Denn wenn die Weihnachtssaison zu Ende geht, verkaufen die Läden die Kugeln zum Schleuderpreis. Wenn Sie die Kugeln im Sonderangebot erstehen, können Sie die Kosten für diese Bastelarbeit in einem ganz kleinen Rahmen halten.
- Um Kosten zu sparen, fragen Sie doch beim Elektriker oder im Baumarkt nach einfachem Elektrikerdraht. Dieser ist sehr stabil, leicht biegbar und viel günstiger als Aludraht. Alternativ dazu können Sie auch einen ausgedienten Draht-Kleiderbügel verwenden.

Das bereiten Sie vor

Überlegen Sie sich, ob jedes Kind einen eigenen kleinen oder die ganze Gruppe einen großen Kranz gemeinsam macht. Besorgen Sie die entsprechenden Materialien.

DEKOKRANZ AUS WEIHNACHTSBAUMKUGELN

So geht's

- Biegen Sie zuerst die Rundung für den Aufhänger in den Draht. Diese verhindert ein Herausrutschen der aufgefädelten Kugeln.

- Das Kind fädelt nun Kugel für Kugel auf den Draht. Es tut dies so lange, bis etwa drei Viertel des Drahtes mit Kugeln bedeckt sind.

- Schließen Sie den Draht zu einem Kranz, indem Sie das vorher zum Fädeln verwendete Ende um das andere Ende wickeln, damit die Form eines Kranzes zu sehen ist.
- Jetzt binden Sie gemeinsam mit dem Kind auf den noch sichtbaren Draht etwas Tannengrün. Sie befestigen dies mit dem dünnen Basteldraht, den Sie am Ende verzwirbeln. Besonders zu beachten ist dabei, dass die Zweigenden in Richtung Aufhänger zeigen. Verwenden Sie dazu das Bild des Schnurrbartes bei einem Mann – die Kinder werden dann automatisch richtig binden.

- Wenn Sie möchten, kann das Kind den Kranz jetzt noch mit Bändern etc. dekorieren.

Idee: Gesteck oder Girlande

Wenn Sie statt eines Kranzes lieber ein kleines längliches Gesteck machen möchten, so können Sie auch das tun. Sie müssten dann allerdings darauf achten, dass Sie an beiden Enden des mit Kugeln befädelten Drahtes eine Schlaufe biegen, damit die Kugeln sicher befestigt sind. Die Schleife binden Sie dann mittig am Gesteck fest. Die Girlande wird genauso gefädelt, einfach nur länger. Wichtig ist, dass Sie dann auf Kunststoffkugeln zurückgreifen. Denn bei der langen Girlande ist die Zerbrech-Gefahr groß.

Fotos: © Susanne Vogt

SCHERENSCHNITT-STERNE

Darum geht's

Mit der Technik des Scherenschnittes entstehen drei verschiedene Arten von Sternen.

Schwierigkeitsgrad

einfach bis schwer

So geht's

- Das Kind faltet sein quadratisches Papier diagonal in der Mitte, sodass ein Dreieck entsteht.
- Es halbiert dieses Dreieck, indem es dieses wieder mittig, Spitze zu Spitze, faltet.
- Wenn es möchte, kann es den Vorgang noch einmal wiederholen.
- Es schneidet die Spitzen der entstandenen „Eistüte“ jetzt in Form einer Rundung oder einer Spitze ab.
- Nun schneidet es an den Faltkanten Muster heraus.
- Es faltet den Stern auf und kontrolliert, was es noch tun möchte.

EINFACHER STERN

Material pro Stern

- ✔ farbiges Papier (ca. 20 x 20 cm)
- ✔ Schere

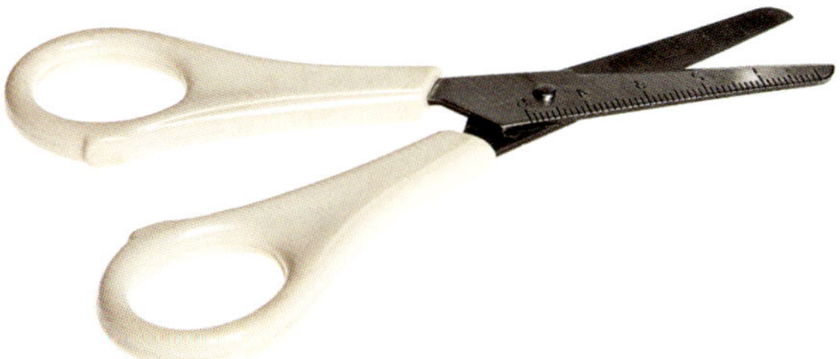

Fotos: oben © Belkin & Co., unten © thingamajiggs, Schere © bpstocks | alle Fotolia.com

SCHERENSCHNITT-STERNE

MITTELSCHWERER STERN

Material pro Stern

- ✔ 1 Schablone (s. Tipp)
- ✔ farbiges Papier (ca. 20 x 20 cm)
- ✔ Bleistift
- ✔ Schere

Hinweis

➔ Auch wenn diese Arbeit einfacher als die erste Variante aussieht, ist sie komplizierter. Denn hier ist genaues Anzeichnen, exaktes Anlegen und Ausschneiden gefragt. Bei Variante 1 spielt der Zufall eine Rolle.

Tipp

Für diese Bastelarbeit können Sie Schablonen von halben Sternen herstellen. Am besten benutzen Sie dafür Tonkarton. Zeichnen Sie bei der Schablone auch die gerade Linie farbig, damit die Kinder wissen, dass sie diese Kante an der Falz anlegen müssen.

So geht's

- Das Kind faltet sein quadratisches Papier in der Mitte, sodass ein Rechteck entsteht.
- An der Faltkante legt es jetzt die gerade Kante der Schablone an.
- Es hält die Schablone gut fest. Mit dem Bleistift zeichnet es die Umrisse der Schablone ab.
- Nun schneidet es entlang der gezeichneten Linie aus.

(Das Bild zeigt eine geübtere Person. Diese legt die Schablone einfach auf das gefaltete Blatt und „spart" sich das Aufzeichnen mit Bleistift.)

- Durch Entfalten des Papiers kann das Kind sehen, wie der Stern aussieht.

SCHWERER STERN

Material pro Stern

- ✔ 1 DIN-A4-Papier
- ✔ langer Tacker
- ✔ Schere
- ✔ etwas Klebestreifen

So geht's

- Das Kind legt das Blatt hochkant vor sich.
- Es faltet eine Ziehharmonika, bei der die einzelnen Falten etwa 2–3 cm breit sind.

Fotos: oben © Rainer Fuhrmann | Fotolia.com; unten © Susanne Vogt

- Nun faltet es die Ziehharmonika in der Mitte. Direkt auf der Falz heftet es (oder Sie) jetzt die Ziehharmonika zu einer „Fliege" zusammen.

- Die Enden dieser Fliege schneidet das Kind entweder rund oder spitz an.
- In die Ränder der Ziehharmonika schneidet es Muster ein. Es achtet darauf, dass noch genügend von den Faltkanten übrig bleibt. Denn wenn zu viel abgeschnitten ist, kann kein Stern entstehen.

- Es entfaltet die Fliege und klebt auf beiden Seiten mit etwas Klebestreifen die Enden zusammen. Dabei sollten Sie ggf. helfen.

Tipp für alle drei Bastelideen

Am leichtesten fällt den Kindern der Scherenschnitt, wenn die Kreisform der Schneeflocke bereits vorhanden ist. Warum benutzen Sie statt Papier nicht einfach weiße Muffinförmchen? Lassen Sie diese falten und einschneiden, fertig ist der einfachste Scherenschnitt der Welt.

Idee

Klebt man diesen Stern an einen Schaschlikstab, so kann er liebevoll arrangiert werden.

FIGUREN AUS HOLZRESTEN

♥ Darum geht's

Aus Styropor®-Kugeln oder lufttrocknender Knete und Holzresten wie Feuerholz oder alten Holzquadern entstehen Figuren, die sich als Deko oder auch als kleines Geschenk eignen. Figuren zwischen 10 und 40 cm sind so möglich.

Schwierigkeitsgrad

mittel

FIGUREN AUS HOLZ UND KNETE

Material für die Knete-Variante

- ✔ 1 Holzquader in beliebiger Größe
- ✔ 1 Nagel (mindestens 3 cm lang)
- ✔ 1 Hammer
- ✔ lufttrocknende Knete (weiß oder hautfarben)
- ✔ 1 Schaschlikstab
- ✔ Acrylfarbe
- ✔ Borstenpinsel
- ✔ schwarzer und roter wasserfester Stift
- ✔ evtl. alte Schlüssel oder Beschläge als Verzierungen und etwas Dekoband
- ✔ evtl. Deko-Pen

Das bereiten Sie vor

- Besorgen Sie das Holz. Es gibt dies sehr günstig im Baugeschäft als Restholz. Eine andere Idee ist es, ein Vierkantholz zu kaufen und in kleine Teile zersägen zu lassen. Baumärkte bieten den Sägeservice meist gratis an.
- Besorgen Sie auch die lufttrocknende Knete. Sie erhalten diese in jedem gut sortierten Bastelgeschäft.
- Stellen Sie sicher, dass das Holz so glatt ist, dass man keine Splitter in die Finger bekommt.

So geht's

- Das Kind bemalt fünf der sechs Seitenflächen des Holzquaders mit Acrylfarbe und lässt diese trocknen. Die Standfläche bleibt unbemalt.
- Mit dem Hammer schlägt das Kind (oder Sie) den Nagel oben mittig in die Deckfläche. Dieser ist die Befestigung für den Kopf der Figur.
- Aus der lufttrocknenden Knete formt das Kind jetzt den Kopf – entweder als Kugel oder auch als Scheibe. Wenn es möchte, kann es auch eine Nase formen.
- Mit dem Schaschlikstab drückt das Kind eine Vertiefung für die Augen und eine für den Mund in den Kopf. Erst später werden diese Vertiefungen gefärbt.
- Das Kind drückt den fertigen Kopf auf den Nagel. Die Knete härtet nun einige Stunden aus.
- Mit den wasserfesten Stiften verziert das Kind jetzt den Kopf der Figur.
- Als weitere Verzierungen können jetzt mit dem Dekoband alte Schlüssel, Beschläge oder Federn angeknotet werden.
- Mit dem Deko-Pen können weitere Verzierungen aufgemalt werden.

Möchten Sie die Figur mit Tieren wie im hier gezeigten Bild verzieren, dann formen Sie diese auch aus der lufttrocknenden Knete und befestigen sie – wie den Kopf – mit einem Nagel, der von der Knete umschlossen wird.

FIGUREN AUS HOLZ UND STYROPOR®

Material für die Styropor®-Variante

- ✔ 1 Stück Feuerholz in beliebiger Größe
- ✔ 1 Nagel (ca. 2–5 cm lang)
- ✔ 1 Hammer
- ✔ 1 Styropor®-Kugel in passender Größe (bei großen Figuren ab 8 cm Durchmesser)
- ✔ etwas Gipsbinde (bei großen Figuren ca. eine halbe Rolle)
- ✔ Schere
- ✔ alter Plastikteller
- ✔ evtl. Dekoration (Stoff etc.)
- ✔ evtl. 2 kurze Nägel (je 2 cm)
- ✔ evtl. Heißkleber

Foto: © Susanne Vogt

FIGUREN AUS HOLZRESTEN

Das bereiten Sie vor

- Besorgen Sie das Feuerholz.
- Kaufen Sie die Styropor®-Kugeln im Bastelfachgeschäft und die Gipsbinde im Bastelladen oder der Apotheke.
- Falls die Figuren Kleider tragen sollen, besorgen Sie Stoffreste.

Stoffreste

So geht's

- Das Kind zerschneidet die Gipsbinde in 1–2 cm breite Streifen. In der Zwischenzeit geben Sie etwas Wasser in die Plastikteller.
- Das Kind ummantelt die Styropor®-Kugel mit dem Gips, indem es den Streifen etwas mit Wasser anfeuchtet und auf der Kugel abstreift. Ist die ganze Kugel mit Gips bedeckt, kann das Kind den Gips glatt streichen (oder auch bewusst rau lassen.) Evtl. modelliert es aus der Gipsbinde Haare.
- Während der Gips trocknet, schlägt das Kind mit Ihrer Hilfe den langen Nagel als Hals in den Holzscheit.
- Wenn es Arme für seine Figur möchte, befestigt es diese mit den beiden kurzen Nägeln an den Seiten der Figur.
- Nach dem Austrocknen des Gipses drückt das Kind die Styropor®-Kugel fest auf den „Hals-Nagel". Helfen Sie ggf. mit einem Hammer nach.
- Es verziert seine Figur nach Herzenslust.

Idee: Engelchen und Bengelchen

Wenn Sie diese Figuren machen möchten, nehmen Sie Feuerholz und einen Nagel ab 5 cm. Als Arme verwenden Sie entweder Vierkanthölzer von etwa 20 cm oder auch runde Äste. Befestigen Sie diese mit je einem Mininagel. Die Hörner des Bengels könnten zwei Holzdübel sein, die rot bemalt werden. Sie werden einfach in die noch feuchte Gipsbinde gesteckt und durch das Aushärten befestigt. Die Flügel des Engels können Sie aus Karton ausschneiden und mit einer Lage Gipsbinde bekleben. Alternativ eignet sich als Flügel auch sehr gut Tortenspitze.

SCHNEEFLOCKE AUS PAPPTELLERN

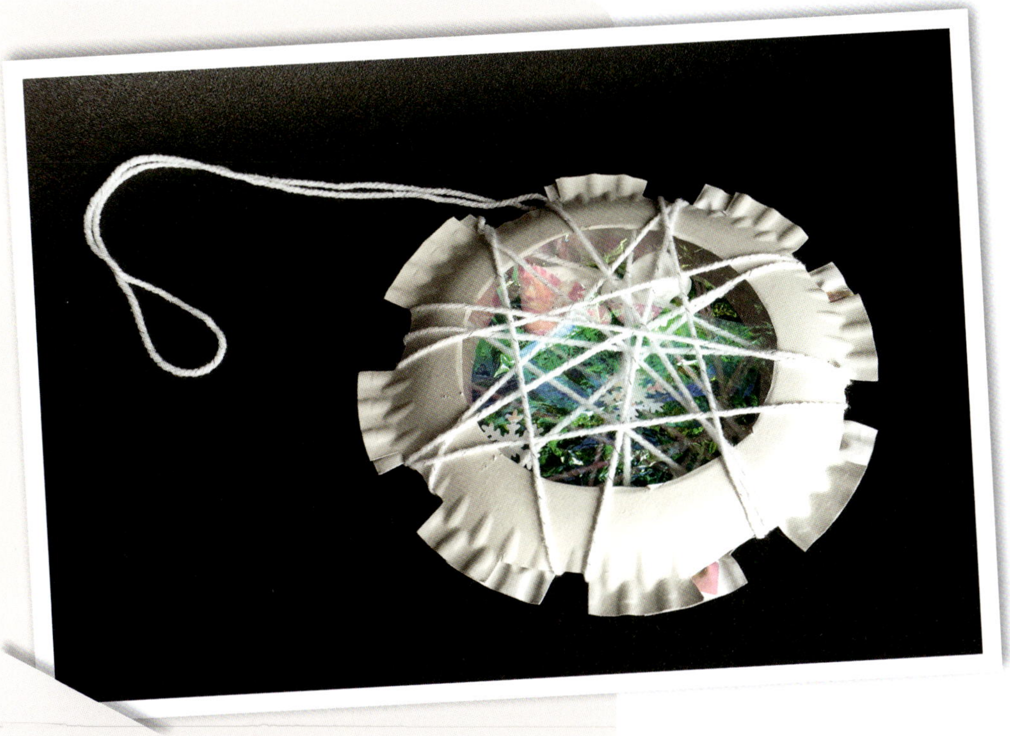

Darum geht's

Zwei Pappteller, etwas Geschenkfolie, Wolle und kleine Elemente lassen die Illusion einer wundervollen Deko-Schneeflocke entstehen.

Schwierigkeitsgrad

mittel

Material pro Schneeflocke

- ✔ 2 Pappteller
- ✔ Schere
- ✔ etwas transparente Geschenkfolie
- ✔ Wolle (ca. 1 m lang)
- ✔ evtl. weißes Füllmaterial
- ✔ weißes Papier
- ✔ Schneeflocken-Stanzen

Das bereiten Sie vor

- Überlegen Sie sich, wie groß Ihre Schneeflocken werden sollen. Kaufen Sie dann entsprechend große Pappteller.
- Sammeln Sie Füllmaterial, wie z.B. Styropor® oder Watte.

So geht's

- Das Kind entfernt zuerst aus beiden Papptellern den Boden. Helfen Sie ihm ggf. dabei oder machen Sie es vorab mit einem Cuttermesser.
- Dann schneidet es am Rand immer in den gleichen Abständen beide Teller ein. Zeichnen Sie evtl. vor, wo das Kind schneiden soll.

SCHNEEFLOCKE AUS PAPPTELLERN

- Es lässt jetzt nur jedes zweite Segment stehen, die Zwischenräume schneidet es ab. Bitte achten Sie darauf, dass dieser Schritt für beide Pappteller an den gleichen Stellen gemacht wird.

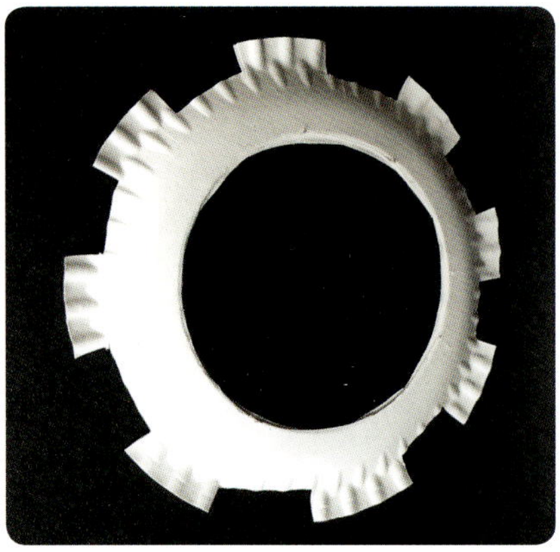

- Nun knotet es die Wolle irgendwo am noch erhaltenen Rand fest.
- Es legt den Teller so vor sich, dass die gewölbte Seite nach unten zeigt. Auf diese Seite legt es die Transparentfolie in das Loch im Teller.

- Mit der Stanze fertigt es kleine Schneeflocken aus dem Papier. Es legt diese (und das Füllmaterial) auf die Folie.

- Mit der Wolle umwickelt das Kind jetzt kreuz und quer den Teller.

- Es legt eine weitere Transparentfolie auf das Loch im Teller.
- Den zweiten Teller legt das Kind nun passgenau auf den ersten. Beide gewölbten Seiten zeigen jetzt nach außen.

- Mit dem Rest der Wolle umwickelt das Kind jetzt die Teller und befestigt diese aneinander.
- Sie können nun eine Aufhängung an der Flocke befestigen.

Fotos: © Susanne Vogt